MW01680224

小读客

小读客原创童书

小学生心理学漫画 2

自信力：我不能没有勇气和自信

小禾心理研究所 著

江苏凤凰文艺出版社
JIANGSU PHOENIX LITERATURE AND ART PUBLISHING, LTD

图书在版编目（CIP）数据

小学生心理学漫画. 2, 自信力：我不能没有勇气和自信 / 小禾心理研究所著. -- 南京：江苏凤凰文艺出版社, 2019.12

ISBN 978-7-5594-4025-9

Ⅰ. ①小… Ⅱ. ①小… Ⅲ. ①自信心－少儿读物 Ⅳ. ①B84-49 ②B848.4-49

中国版本图书馆 CIP 数据核字 (2019) 第 207455 号

小学生心理学漫画．2，自信力：我不能没有勇气和自信

小禾心理研究所　著

责任编辑	丁小卉
特约编辑	严晓娥　郑　直
封面设计	赵　雅
插　　画	陈姝亦
责任印制	刘　巍
出版发行	江苏凤凰文艺出版社
	南京市中央路 165 号，邮编：210009
网　　址	http://www.jswenyi.com
印　　刷	三河市龙大印装有限公司
开　　本	710 × 1000 毫米　1/16
印　　张	63
字　　数	468 千字
版　　次	2019 年 12 月第 1 版　2020 年 2 月第 5 次印刷
标准书号	ISBN 978-7-5594-4025-9
定　　价	196.80 元（全六册）

写在前面的话

在孩子的学习生活之路中，难免会遇到各种困难和挫折，他们学习的自信心、个体自尊心也会时不时地受到影响和挑战。但孩子如果过度缺乏自信，就会对个人性格及成长造成不利的影响，严重者，甚至成为孩子学习和生活的障碍，造成诸如情绪低落、语言表达能力欠缺、不愿意与同龄人交往、回避竞争等情况。

不过，对于孩子来说，缺乏勇气和自信力并不是一件多么不正常的事情，特别对于小学阶段的小朋友而言，这应该是一个普遍突出的群体特征。这个阶段的小朋友，独立意识逐渐萌芽，自尊心增强，紧随而来的心理矛盾和冲突也会加剧。

所以，让孩子拥有自信力非常重要。自信力强的孩子，可能会把小困难和小挫折转变成学习和生活的动力，从而形成良性循环，健康成长。

但自信力并不是天生的。从心理学角度讲，孩子的自信建立在归属感、相信自己的能力、自己的贡献得到认可等因素的基础之上。他们对学习生活中遇到的事情是如何感受，如何思考，如何自我激励以及如何行动，决定了孩子是否具备勇气和自信力。

事实上，孩子思维习惯和行为能力的养成，都是可以通过技能和方法的练习得到修正和改变。也就是说，可以通过不断的、有意识的练习，让孩子爱上自己并体会到快乐，从而激发自身的自信心和能力。

这些培养孩子思维习惯和行为能力的方法，贯穿孩子整个学习生活的过程。在不断的练习中，孩子很容易就可以在日常实践中掌握和运用。

每个孩子都可以是快乐的孩子，每个孩子都可以拥有勇气和自信。

本书介绍及使用说明书

孩子自信力的日常问题非常广泛，本书的内容设置及自信力训练都是以孩子真实的学习生活场景为出发点和立足点。其中最主要的部分是，如何解决日常遇到的缺乏自信力的问题，以及如何在与同学、长辈的相处中主动提高自信力的问题。

全书分为基础篇、应变篇、延伸篇、增强篇共 4 大章，一共有 38 个场景技巧练习。因为每个孩子的自信力强弱不一样，所以可以根据实际，挑选篇章进行有针对性地练习，也可以把全书当作一个系统训练课程，从基础篇逐渐进阶到增强篇。

一

主要是解决孩子自信力的一些基本问题，比如针对怯场、怕黑、没有安全感等情况，做一些分析和方法训练，让孩子形成最基本的自信力。

二

主要收集孩子在日常生活中与自信心相关的一些自我应变问题，比如到了陌生环境怎么办，被欺负了不敢反抗，等等。这些情况对孩子的应对能力要求较高。生活不是一成不变的，突然发生的事情有很多，这部分练习有助于让孩子在自信力上形成较好的应变能力。

三

主要是孩子因为缺乏自信心而可能产生的一些日常表现，比如容易挑剔，做事容易没有成就感等情况，其实这也是孩子没有自信力的一个体现。这些表现表面看上去跟自信力好像没有关系，所以往往也没有得到应有的重视。这部分的针对性练习，可以让孩子形成独立的学习生活意识以及积极快乐的心理精神。

四

主要是指如何主动通过一些具体的事情，比如与爸爸妈妈的健康相处、参加团体运动等来修补和增强孩子的自信心。因为孩子自信力的形成并不是简单的 1+1=2 的事情，它受到生活环境的综合影响。所以在生活中，需要通过主动学习、交往来培养积极乐观的精神个性，从而增强自身的自信力。

目录

第一章 基础篇

第二章 应变篇

第三章 延伸篇

第四章 增强篇

01

基础篇

- 怯场怎么办
- 为什么总怕黑
- 说话时害怕与人对视
- 不敢表达自己的意见
- 不愿意做可能有困难的事
- 害怕面对和尝试新事物
- 小孤僻，不愿意和周围人说话
- 容易因小事而过度焦虑
- 关键时刻，总是容易发挥失常
- 在集体活动中不愿承担责任
- 没有相识的人在场，就没有安全感
- 做事情喜欢父母或老师代办，缺乏独立生活能力

篮球队招新啦！
招新啦！新啦！啦！！
篮球队招新了，
老师想到了你。
你个子高，就代表
我们班去试试吧。

可是我没打过
篮球哇！
篮球队肯定不会
要我吧。
打篮球容易受伤，
太麻烦了。

em......
但是每次遇到挑战就退缩，好像也不好。
自己都快看不起自己了。

老师，
我不行。
老师，我打不好，
让别人试试吧。
我该怎么回答
老师呢？
小文，你愿意
试试吗？
√
好，我去
试试看！

天才
我试了试打篮球，没想到这么有趣！
其实很多时候，我们把困难放大了。很多事情可能没有想的那么难噢！

Ⅱ 我关键时刻总是发挥失常

98
59

完了！估计要被爸爸
妈妈说了吧。

为什么每次上课都听懂了，考试却发挥不好呢？
没理由哇！

压力太大！
压力太大！
算了，反正我不是学习的料。
学不下去了，注意力好难集中，唉。
为什么我总在关键时刻发挥失常？
没办法，我只好老老实实把成绩拿给妈妈看。

妈妈，对不起，
又考砸了。
出乎意料，妈妈并没有骂我。
一次考不好没关系。总结错误，下次争取考得比这次好，就是进步。
不要因为一次失败就放弃呀！学习是一个过程，路还长着呢。

在缺乏自信力的时候，你可能还会遇到更多的问题。
让我们一起看看如何解决吧！

1 怯场怎么办

班级举行演讲活动，每天由一位同学在课间演讲，明天就轮到我了。不知道为什么，我感觉好紧张，好想当一次逃兵，虽然这想法不对，可是又怕到时在同学面前出丑。我该怎么办呢?

很明显，这是因为怯场所导致的紧张和缺乏自信力，相信很多小伙伴都有类似的经历。虽然这个问题不可能一下子就根除，但也不是什么大问题啦。只要我们经常进行小练习，就可以把害怕的程度降到最低，直至把“在集体面前演讲”变成一件很普通的事情。

mentality

可能会产生的心理阻力

心理分析和暗示

1

从小到大没怎么登过台，肯定会紧张的，没什么。

2

只要我正常发挥就好了，不用想太多。

3

如果这次做逃兵，以后是不是就习惯做逃兵了呢？

4

肯定也会有很多同学喜欢我演讲的！

技巧练习及总结

1 上场前做足准备工作

小结：有时候，因为对事情没把握，会加重怯场的程度。这时给自己打气，进行自我鼓励就是必不可少的热身了。我们在上场之前，最好做足准备工作，要知道，越拿手的事情，害怕的程度会越低。

2 遇到突发情况时懂得临时调整

小结：有时候，怯场是突然发生的，比如由于脸红和心跳加快，导致说话不清晰或者说话太快。另外，现场突然提问等突发情况，也会导致怯场。遇到以上情况时，我们就要学会临时调整。尝试深呼吸一下，然后放慢语速，继续专注于自己的事情，这些都可以帮助我们控制情绪。

3 平常多参加演讲活动，在集体面前发言

小结：想快速跟怯场说“拜拜”是不现实的，我们要多去体验有可能怯场的活动，让“在集体面前发言”成为一种习惯，相信可以有效地消灭怯场。想想，当一件事情变成如吃饭睡觉一样普通，我们就应该不会怯场了。

和心理博士聊聊天

上场前会紧张、害怕甚至想逃避，这是很正常的事情，因为个体当众表达的时候，必然会产生心理压力，这种压力很大程度上是被恐惧感所控制的。并且，越是在不熟悉的环境中，越容易有紧张、不安甚至心跳加速等现象。但是你知道吗？一旦我们利用上面所讲的小技巧克服了这种恐惧感，那么当自己受到别人的关注时，我们的学习和交往效率会大大增加，能力也将得到快速提升，这就是著名的“霍桑效应”噢。

“霍桑效应”的发现，源自 20 世纪二三十年代在美国芝加哥西方电力公司霍桑工厂的实验。参与实验的工人在专门的实验室里受到研究人员和领导的多方关注，结果带来了产量的增加。所以，有效利用“霍桑效应”，多多锻炼自己，让自己在关注中加速成长吧。

2 为什么总怕黑

已经是上小学的小哥哥小姐姐了，晚上你是不是还不敢一个人睡觉？是不是每次关灯，房间变黑后，立刻就害怕了呢？有时候，脑海里会蹿出一堆怪兽和妖魔鬼怪；有时候，一点儿声响也让我们疑神疑鬼。注意了，这就是典型的怕黑。

不用大惊小怪，小伙伴们都会有这样的成长阶段，只不过根据个人情况，这个阶段有长有短。平时适当做一些小练习，怕黑这个小难题就能比较容易地克服了。

mentality 可能会产生的心理阻力

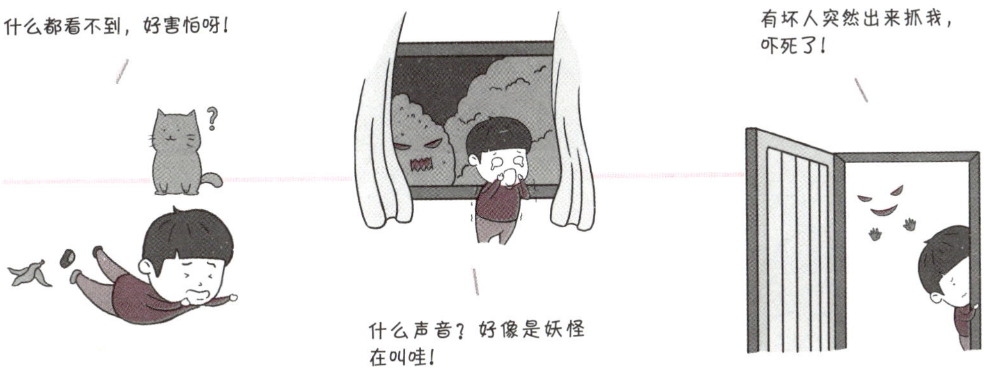

心理分析和暗示

1. 开灯睡觉不健康，关灯睡得更香。

2. 嗯，胆小鬼才最喜欢自己吓自己！

3. 现实生活没有妖魔鬼怪好嘛！

4. 爸爸妈妈都在家里，有什么好害怕的！

技巧练习及总结

1. 睡觉之前放松情绪

小结：有时候，怕黑是因为我们的小脑袋太兴奋太活跃了，所以小伙伴们睡觉前不适宜做太多剧烈的运动，或者看太多刺激性的视频影像噢。睡觉之前我们要学会放松和平复情绪，建议跟爸爸妈妈聊聊天，或者听点儿自己喜欢的轻柔音乐。

2. 从开灯到关灯，循序渐进并逐渐过渡

小结：如果不能一下接受关灯睡觉，可以采取循序渐进的过渡法。睡觉的时候，我们可以先留一盏小夜灯，等到完全适应小夜灯了，再尝试关灯睡觉。

3. 多学学关于黑暗的科学小知识

小结：有时候，害怕是因为我们知道的事情不够多。接下来，我们可要有意识地多学一些跟黑暗相关的小知识了，比如关于白天和黑夜的变化，关于影子产生的知识，这样我们可能就不会胡思乱想了噢。

4. 主动体验黑暗

小结：其实，我们也可以在黑暗中做一些愉快的事，比如跟爸爸妈妈到小区花园去散步，一起看星空、看月亮、玩玩具等；还可以跟爸爸妈妈在室内玩关灯听音乐，玩手电筒和影子游戏等。如果我们能在黑暗中体验到快乐，就应该没那么怕黑了。

和心理博士聊聊天

害怕在黑暗的环境中独处？这就是夜晚恐惧症在作怪啦。

之所以每个孩子或多或少都会有夜晚恐惧症，有生理和心理两方面的原因。从生理角度来说，随着视线范围在黑暗中的大大降低，会带来信息的严重缺乏，这就使得对环境的不确定感增加，从而安全感降低，恐惧感增强。从心理角度来说，或许由于恐怖片中的黑暗镜头、平时听到的对夜晚的可怕描述等，让我们产生了潜意识的恐惧。

明白了这种恐惧是正常的之后，我们就要明白自己害怕的是什么。通过向爸爸妈妈求助和以上小练习的方法，慢慢克服对黑暗的害怕，发现更多黑暗中的快乐吧。

3 说话时害怕与人对视

在学校跟同学说话的时候，常常眼睛一跟同学对视就会脸红了，眼神也控制不住地想躲开。有时同学会误认为我没礼貌，其实我是害羞，害怕与人对视。这情况让人有点儿苦恼，怎样才能改变这种交流方式呢？

其实，很多小伙伴都有这个苦恼。说话交流时，小伙伴们多少都会有点儿小害羞，害怕与人对视。在这种情况下，害羞的小伙伴往往都会想得比较多，生怕同学一下子就看穿自己那点儿小心思。其实完全没必要噢，通过一些小练习，“害怕对视”这个小问题是比较容易克服的啦。

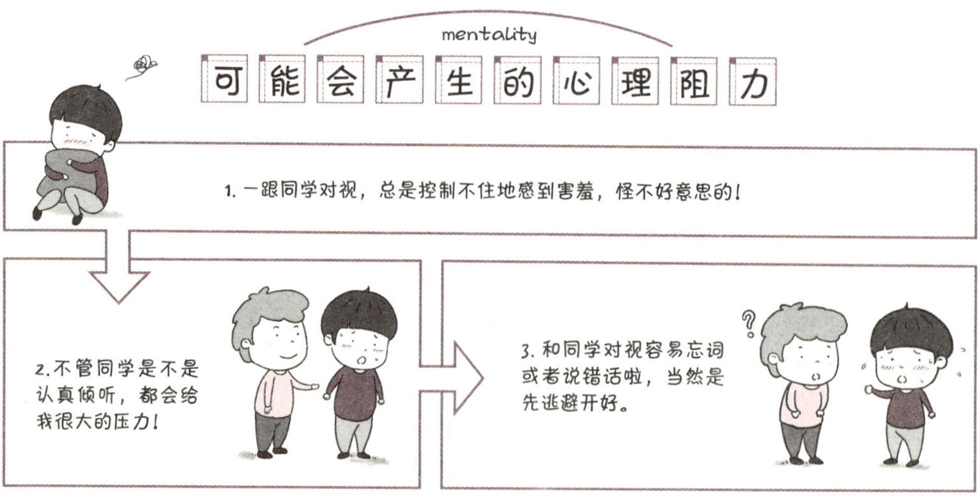

心理分析和暗示

1

同学看着我并认真倾听，是一种礼貌，我也应该礼貌回应才是。

2

眼神对视，是朋友之间交流的一部分噢。

3

要习惯与人对视，才会有勇气与人交往！

4

说话时与人对视只是一种交流习惯，习惯了就好了。

技巧练习及总结

1 加强心理建设：真诚的交流与沟通就应该无所畏惧

小结：平常注意树立这样的观念：只要自己是真诚的，就算一时说错话也没关系。我们害羞甚至害怕，多是因为自己真的想太多了。

2 倾听的时候要注视对方

小结：我们说话的时候不敢跟同学对视，那倾听的时候呢？倾听的时候不看着对方，可有点儿不礼貌噢。所以，我们可以先尝试在倾听时跟同学对视。如果听人说话的时候可以看着对方，那么说话的时候跟人对视，问题就不大了。

3 让“不看着对方就不说话”成为一种习惯

小结：对于怕对视的问题，可以尝试给自己下点儿硬任务：说话的时候，如果不看对方，坚决不开口，争取“眼口合一”。通过这样有意识的实践，有意让“说话并对视”成为一种习惯。

和心理博士聊聊天

别担心，出现害怕与人对视的现象，其实是我们正在长大的标志。这种现象在我们很小的时候是不会有的，随着青春期的接近，这种现象会越来越普遍。严重的时候，甚至会出现在心理学上叫作“对视恐怖”或者“社交恐怖”的情况，不仅害怕跟人对视，而且还总认为别人在盯着自己，议论自己。

如果我们出现了害怕跟人对视的情况，先不要紧张，因为这可以通过一种“系统脱敏”的方法自我调理。这种治疗类似于《怕羞的黄莺》这样一个童话故事：有一只很怕羞的小黄莺，只要她发现有人听她唱歌，就马上不敢唱了。后来她去很多鸟大夫那里求医，每位大夫都会让她先唱支歌，再帮她治疗。慢慢地，她不等对方要求就会自己先唱起来，于是怕羞的毛病就被治好了。所以，我们可以像这只小黄莺一样，先从对着镜子和自己说话、看着家人和熟人说话开始，逐渐养成和人对视交流的习惯，自然而然就不会再害怕啦。

4 不敢表达自己的意见

开班会的时候，同学们在进行话题讨论，我有意见，却不敢表达出来。我发现自己很紧张，好像总找不到合适的时机说，结果直到班会结束，同学们也不知道我的真实看法和意见。渐渐地，在同学面前不敢表达意见就成为一种习惯了，我想克服，但不知道怎么做。

表达意见困难，这是小伙伴们经常会遇到的难题。不用着急，从不表达到经常表达是一个慢慢变化的过程。通过合适的方法和练习，这个问题并不难解决，我们也可以让表达意见成为一种习惯的。

mentality

可能会产生的心理阻力

心理分析和暗示

1. 老是不敢表达自己的意见，同学们都会把我当透明人了！

2. 很多时候，沉默并不会让事情变得更好！

3. 表达自己的意见就是表达自己的真实想法，这可是每个人的权利噢。

4. 这一次表达了自己的意见，以后就能习惯了。

技巧练习及总结

1. 让表达成为一种习惯

小结：要改变，首先是要让表达成为一种习惯。可以先不管我们的意见是否跟别人一样，而是习惯说出自己的看法。所以要把握每一个发表意见的机会，把“有没有说”放在“说什么”的前面。

2. 表达之前学会理性思考

小结：我们不敢说，经常是因为害怕说错。那平常说话之前，就要多动脑筋思考了，这样可以减少说错概率。理性思考也可能让我们提出有建设性的意见，进而提高自己表达意见的信心。

3. 表达的时候，声音要让大家听得到

小结：我们如果不敢表达，那么到了不得不表达的时候，声音常常会很小。声音小会造成现场沟通的不流畅，从而更影响我们的信心。所以每次表达意见的时候，可以尝试把语速放慢，把声音放大。这也是一件比“说了什么”还重要的事情。

4. 如何表达不一样的意见

小结：害怕表达同学们不喜欢的意见，引起同学们的反感，可能也是我们不敢表达意见的原因之一。这个时候，我们可以先学会如何表达不一样的意见。比如，表达自己意见之前，先肯定同学们的意见，再略提一下不足之处，最后提出自己的看法。

和心理博士聊聊天

有表达的意愿却不敢做出表达的行动，一方面是我们的自信不足，不相信自己的观点会被别人接受；另一方面，就是有点儿太在意别人的看法。这或许与我们从小就成长在被周围人评价的环境中有关，容易把自己和别人比，认为自己的表达如果和别人不同，容易引起别人的不满。

心理学家阿德勒认为，不敢主动表达自己的观点，在很大程度上是内心深处存在自卑。但他也明确指出，任何人都会产生自卑感，而且自卑并不可怕，只要正确认识，完全可以克服和超越。我们可以从充分认识自身优点开始，用优越感对抗自卑感，用多多参与打破自卑情结，通过增加历练做到主动表达。

5 不愿意做可能有困难的事

学校篮球队招新，老师看我个儿高，叫我去试一下，我自己也想加入。但因为之前没学过打篮球，所以我觉得加入有点儿难，他们可能不会要我，最后没去尝试就放弃了。可没去尝试，自己也不开心，老感觉自己一碰到困难就不敢向前。不想一遇到困难就当逃兵，应该怎么做呢？

一遇到可能有困难的事情就退缩，是我们这个年纪的成长特性。因为没把握，所以更加害怕失败。如果这变成一种习惯，就会影响我们处理各种事情的自信心。是时候把“不愿意做可能有困难的事”当作一件严肃的事情来对待了。

mentality

可能会产生的心理阻力

1

不试一试就肯定会失败，万一试试以后能成功呢？

2

其实困难并没有那么大，是不是我们把困难想大了呢？

3

如果退缩成为一种习惯，一点儿小事就大惊小怪，那以后生活就困难重重了！

4

失败也是正常的，只要努力了，没什么好怕的！

技巧练习及总结

1 消除压力方法：分析困难，降低期望值

小结：有一个面对困难时的减压方法，就是分析事情的难点在哪里，然后再着手做准备。比如自己没学过篮球，那在面试的时候就大方说出来，然后表达一下自己会通过勤奋练习来弥补。另外，如果感觉一件事失败率很高，那就抱着必败的心情去试试呗，也许成功时就会收获更大的惊喜。

2 培养战胜困难的游戏心理

小结：我们可以先给自己设定一种奖励，把克服困难当成游戏来挑战。去参加篮球的招新面试之前，可以尝试跟爸爸妈妈约定，如果面试成功了，就奖励自己一顿自助餐。抱着这样的游戏心理去面对困难，给自己一些行动上的期待和动力。

3 尝试增强自己的责任感

小结：面对可能发生的困难，还没尝试就先放弃了，有时候是因为我们没有强烈的责任感。增强自己的责任感其实很简单，可以从参与班级的日常小事做起，比如主动帮老师和同学解决一点儿小困难。

和心理博士聊聊天

见到困难就想退让？这是因为如果我们不迎难而上，就会处于自己熟悉和习惯的状态，这是一个被称为“心理舒适区”的地方。在这里，我们会觉得放松，没有压力，也没有焦虑。而当我们需要从这个地方走出来的时候，必然会有些不安和紧张。但是，只要我们勇敢迈出了这个“心理舒适区”，就会进入一个叫作“学习区”的区域。这里有一定的挑战，也会让我们感到一些不适，但我们会产生对抗紧张和压力的应激反应，帮助我们提升专注程度，最终提高自己的适应能力和心理素质。

对于一个人来说，最理想的状态是处于“学习区”。当我们硬着头皮学习有些困难的东西并坚持一段时间后，会惊喜地发现，自己的“学习区”变成了新的“舒适区”。随着“舒适区”越变越多，我们的生活开启了一片新天空，就如同坐井观天的小青蛙跳出了井口，会发现外面的世界更精彩。那么，还等什么呢？努力从“心理舒适区”跳出来吧，总有一天我们会感谢勇敢的自己！加油！

6 害怕面对和尝试新事物

学校刚刚开设了滑板兴趣班，很多同学都报名参加了。这对我来说是一个全新的领域，我也想报名，但又害怕学不会，所以没有报名，还给自己找了个借口：把时间留下来对付文化课吧。之所以说是借口，是因为其实这已经不是第一次了。每次遇到自己不熟悉的事情，很容易就给自己找借口放弃。我感觉这样不好，到底应该怎么做呢？

很多小伙伴或多或少都会出现类似的情况：害怕面对和尝试新事物，这是我们这个成长阶段特有的行为特征。我们是不是很想激发出尝试新事物的好奇心？那么接下来，我们可以从改变一些小观念开始。

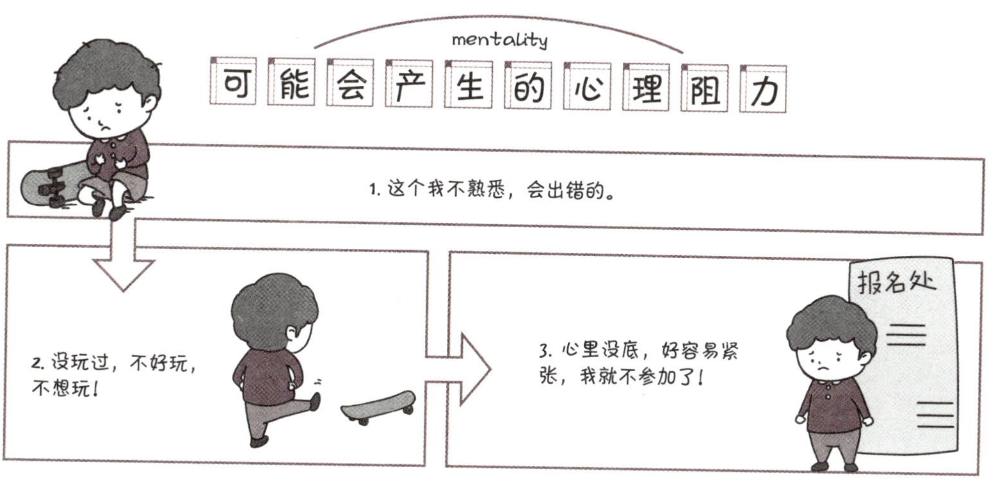

心理分析和暗示

1. 不尝试，新事物永远都是新事物，自己也永远都不会！

2. 因为不熟悉，所以不想尝试，就意味着失去一种本领了噢！

3. 这是一个新机会，可能会接触到很多新事物，认识到新朋友呢！

技巧练习及总结

1 树立生活体验观

小结：尝试多给自己灌输这样的观念：生活其实就是一种体验。有了生活体验观，就会明白，要让我们的生活更加多姿多彩，当然要不断体验新事物。

2 培养挑战心理

小结：不喜欢面对和尝试新事物，更多时候可能是因为我们过于在乎“不熟悉”，怕出错。如果我们平常就注重培养自己的挑战心理，就不会太抵触新事物，而会有一种征服它的想法。

3 选择一位好朋友一起接触新事物，体会其中的乐趣

小结：要让我们主动离开“舒适区”，没有一点儿动力的话，会有点儿困难。你可以选择一位关系很好的小伙伴一起报名，一起面对学习过程中的困难，也一起体验其中的乐趣。用这种方法，慢慢地，我们可能就不会那么排斥新事物了。

和心理博士聊聊天

害怕面对和尝试新事物，很可能是我们对外界刺激过度敏感，从而激发了自我保护的本能。这种过度敏感，有些来自妈妈怀孕时的过度紧张和焦虑；有些来自妈妈生产时外界的强烈刺激；还有些是因为小时候在尝试新鲜事物时产生的不适感。这些体验和经验，会让我们在遇到新事物时启动自我保护的本能，对可能出现的不适感产生抵触心理，于是，我们就害怕面对和尝试新事物。

知道了这些之后，我们不妨想想：难道因为害怕摔跤，就不学走路了吗？因为害怕呛水，就不去洗澡了吗？因为害怕切到手，就不敢用水果刀了吗？我们在初次面对这些新事物的时候，似乎充满了不安全感，但是当我们大胆尝试后，就会发现根本没有我们想的那么可怕，对不对？

7 小孤僻，不愿意和周围人说话

突然有一天，我发现自己在学校越来越沉默寡言，不知道为什么，就是很不愿意和周围的人说话。每次放学，我都是一个人早早地离开，同学们可能也认为我不好打交道，所以好像在有意无意地远离我。我变自闭了吗？应该怎么办？

小孤僻可能是长期缺乏自信力而带来的交流障碍，如果不改变，情况会越来越严重噢。我们可以看到，身边很多看上去有点儿孤僻的小伙伴，越不习惯跟同学说话，就越不愿意和同学说话。当我们发现自己有点儿“孤僻”的小苗头时，就要想办法消灭它了。

mentality

可能会产生的心理阻力

心理分析和暗示

1. 不跟同学们说话，好像不快乐，那就要走出来了！

2. 不跟人说话和交往，很多事情都做不了的，也会失去很多乐趣！

3. 很多人都想和我说话的，我干吗要先把自己友谊的门关闭了呢？

技巧练习及总结

1 心理建设：正常交流越少，生活越封闭，人也越不自信

小结：不和周围的同学交流，短时间可能感觉没什么不好，但时间久了，就会比较麻烦。我们要有危机意识：如果长期不愿意交流，我们就会失去交流的能力，生活也会越来越封闭，最后会变得更加不自信。这样的话，副作用可多了，比如不喜欢参与竞争，不喜欢参加各种活动，可能还会全面影响学习生活。

2 脱离交际依赖，问路和请教问题等沟通，都要亲力亲为

小结：不喜欢说话，有时候是因为我们有帮忙说话的对象，比如爸爸妈妈和最亲密的小伙伴。要想改变这种情况，就必须让自己脱离这种交际依赖。从现在开始，遇到问路或者有问题要请教的时候，我们都要行动起来，而不是找别人帮忙，自己却躲在后面享受成果。

3 错误的做法：等待别人的主动

小结：不愿意跟周围人说话的小伙伴，可能会有一种隐蔽的小心思：就是等待周围同学主动找自己说话，而自己迟迟不主动迈出这一步。等到最后心思落空，还可能会误认为是同学们都不理我。

和心理博士聊聊天

当我们发现自己开始有些孤僻，不愿意和周围同学说话的时候，我们就进入了一个越来越狭隘的局促空间。这个空间把我们和外界的连接慢慢隔离开来，让我们变得封闭和不合群，从而出现离群索居的心理状态。

为什么说正常的人际关系十分重要呢？给大家介绍一位叫作沙利文的心理学家，他是人格理论的代表人物。他的研究表明，人生来就有追求“人际安全”的需要，只有在良好的人际关系中，我们才能逐渐形成稳定的人格模式。如果一个人长期脱离和他人的关系，就会引起人格的退化。而我们所说的这个“人格”呢，就是每个人固定的行为模式和待人接物的习惯方式，是我们每个人心理特征的综合体现。所以，正常人际关系对我们真的影响很大噢，我们要勇敢迈出主动的步伐，大胆和同学交流，形成自己的稳定人格。

8 容易因小事而过度焦虑

跟同学约好星期天上午 10 点在电影院看电影。平常约好的事，自己都是提前半个钟头到现场，可是这次因为塞车，我迟到了 15 分钟。总算能顺利看上电影了，但自己却十分纠结于这次“迟到”，同学都反过来安慰我说没关系了，我还是十分焦虑，甚至影响到看电影的情绪。我也不知道自己到底在焦虑什么，这是怎么回事？

这是一种容易因小事而过度焦虑的表现。有这种表现，多是因为我们对自己要求太严格，容易因一点儿小事就全盘否定自己，这跟缺乏自信力有很大关系。

mentality

可能会产生的心理阻力

心理分析和暗示

1 越焦虑越容易忙乱，越忙乱越会坏事！

2 小事一桩，真的没什么！我要淡定！

3 冷静想一想，好像焦虑也没啥用啊。

4 不可能事事都完美，有时候有点儿小错漏也是正常的。

技巧练习及总结

1 学会分析事情的轻重，凡事不要“上纲上线”

小结：会为小事焦虑，说明我们对事情轻重的分析和把握还不到位，容易把小事上升成一件大事。比如“因为塞车迟到了就是给人生留下污点”，这完全没必要。对于已经出现的小错漏，我们可以尽量以“小事一桩”来评价。

2 尽量消灭“烦死了”这样的负能量口头禅

小结：其实我们这个年纪，经常会受言语的影响而产生一些情绪反应，比如说多了“烦死了”，我们就越容易纠结，陷入焦虑的泥潭而不能自拔，自信力可能也会在无意中受损。明白了这个道理，接下来就少说点儿诸如“烦死了”的负能量口头禅吧。

3 不要凡事都要求“完美”

小结：追求完美容易让我们纠结和焦虑。因为要求完美，我们就更容易对自己苛刻，久而久之就会影响到自信心。如果一件事情结果不理想，我们可以先尝试进行心理预设，想想“那又怎么样”，然后不要老是想它。

一点儿小事就焦虑？听上去有点儿不值得，但现实中我们确实会出现这样的情况，这是什么原因造成的呢，要怎么样自我调整才能避免类似的情况发生呢？看来需要让你了解一下埃利斯的“合理情绪疗法”啦。

这个治疗法又被称为“ABC 疗法”。A 是指客观存在的事件，B 代表我们对事件的态度，C 则是我们的情绪或心理感受。心理学认为，真正影响我们情绪或心理感受 C 的，并不是事件 A，而是我们对事件 A 的态度 B。所以，当我们的 B 出了问题的时候，就算对一件事不焦虑，还会接着对另外一件焦虑，结果就经常因为各种小事处于焦虑状态，影响自己的身心健康。因此，解决问题的最好办法不是改变事件，而是改变自己对待问题的态度与看法。

9 关键时刻，总是容易发挥失常

平常的小测试，自己的成绩都还可以，可每次关键考试，却容易发挥失常，好奇怪。老师说我这是心理素质不过关，真的是这样吗？要如何才能改进？

关键时刻掉链子，是很多小伙伴会犯的毛病。老师说的“心理素质不过关”，其实就是一种自信力不够的体现。遇到关键考试时，我们的心理压力会比平时大，这样反而让专注力不集中，更容易导致发挥失常。

接下来，我们可以做一些小练习，让自己的心理素质过关，关键时刻减少出错。

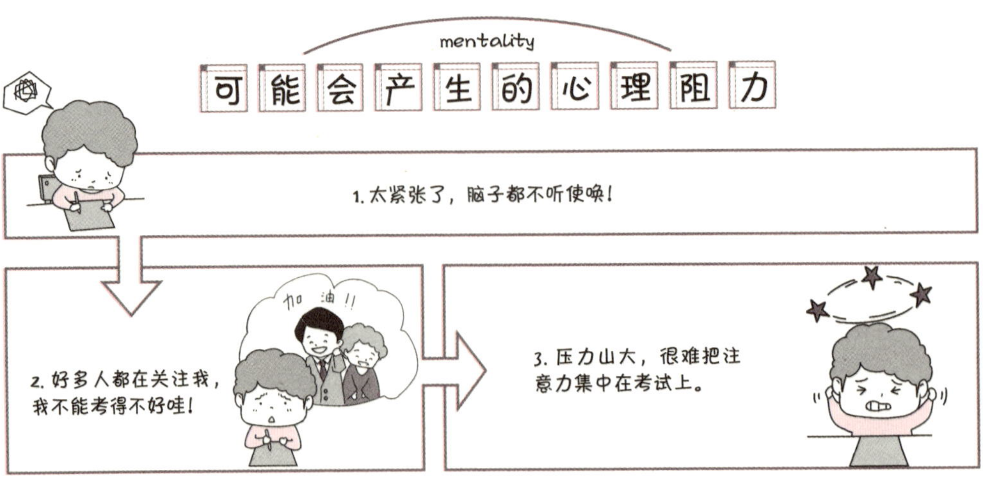

心理分析和暗示

1

我们先不对自己要求过高吧，关键考试时，能发挥正常水平就成功了。

2

一定要专注事情本身，别想太多了！

3

试题难度跟平常一样，也没有增大，只是变得重要了而已，我紧张什么？

技巧练习及总结

1 看淡结果，化解压力

小结：容易发挥失常，往往是因为我们压力太大。如何才能化解压力？一个直接方法就是看淡结果，不过这方法对我们来说难度可不小。所以，我们可以经常开导自己：很多事情并不是只有一种选择，努力过就行了，顶多就是考不好而已，还有比这更糟糕的结果吗？

2 培养正面迎接挑战的心理

小结：培养正面迎接挑战的心理，就要懂得为自己加油和做一些心理调整。形成挑战心理，不是要求我们超水平发挥，而是发挥正常水平就可以。因为我们越是注意自己是否表现得最好，越是容易事与愿违。

3 临时调整，专注事情本身

小结：因为压力让我们常常不能专注起来，影响发挥，所以可以临时尝试一些小事。比如在心里唱一首歌，或者把视线放在某一个固定位置，放松并集中注意力。另外，把顾虑写出来，也是缓解和减少紧张的一种好办法噢。

和心理博士聊聊天

给大家讲一个故事吧：有一位名叫丹·詹森的运动员，他平时训练特别刻苦，而且也有不凡的实力，但是每到真正的比赛时就会失利。后来他的教练向心理学家求助，一起分析他在赛场上连连失利的原因，结果发现是因为他的心理素质不过关。

此后，心理学家开始对“詹森效应”进行广泛而深入的研究。结果发现，当人们受到某些因素的影响时，会在关键时刻发挥失常。而且越是在重大、关键的场合，由于受到的期待和压力越大，就越容易放大现有的困境，加剧内心的紧张，从而产生超负荷的心理负担，影响原有水平的发挥。所以，避免出现“詹森效应”，就要利用上述技巧进行自我心理训练，不断让自己的心理素质得到锻炼和提升。

10 在集体活动中不愿承担责任

同学们要选我为足球队队长，负责帮忙统筹球队平常的集合和训练，以及充当比赛联络员。我觉得责任过大，就拒绝了。其实这种事不止一次了，我在很多集体活动中都不愿意承担太多的责任，可能是感觉自己没有领导才能吧，所以干脆都推掉了。这样做是不是不太好？

害怕自己没有领导才能，在集体活动中不愿承担责任，说到底还是因为自信力不够。相反，在集体活动中勇于承担责任则有助于我们树立自信心。所以，我们可以尝试做一个敢于在集体中承担责任的人。

mentality

可能会产生的心理阻力

心理分析和暗示

1. 在集体活动中，每个人本来就有角色和责任的分工。

2. 有一种光荣是属于团队和集体的，但这需要每个人都承担责任。

3. 如果我主动承担起责任，不逃避，把事情做好了，以后同学们也会越来越信任我的！

技巧练习及总结

1. 培养自己的团队意识

小结：平常可以有意识地培养我们的团队意识。比如，这样思考问题：一个家庭是一个团队，一个小组是一个团队，一个球队也是一个团队，如果每个人都不愿意承担责任，那就不成团队了。我们无时无刻不是生活在团队中，为团队承担责任，也是为自己负责噢。

2. 加强责任心

小结：责任心的养成可不是一时的事情，而是一个长期的积累过程。如果发现自己责任心过于弱，那从现在开始，我们就要有意培养自己的责任心。可以尝试多关心他人，多帮助他人，让自己有责任感。

3. 实现自我价值

小结：集体活动往往是实现自我价值的最好场合，如果能在集体中实现自我价值，也会给我们带来足够的自信力。所以我们要这样看待问题：在集体中承担责任，正好能体现自己对集体是多么重要。想想，自己也乐了。

和心理博士聊聊天

当人处在集体中时，个人责任感就会变弱，这就是心理学中所说的“责任分散效应”。

由于任务是群体共同完成的，个体分担的责任相对较少，所以个人在困难和责任面前就会减少自己的行动，做出不够积极的反馈。比如我们有时候会看到这样一些新闻：有人在闹市中突然急病发作，有很多围观者，但没有人上前施救或者帮忙。这种围观的行为就是责任分散效应的一种：由于在场人多，帮助的责任分散到所有围观者身上，每个人只承担很小的心理负担，甚至意识不到自己有责任，就很难做出积极的反馈。

当我们参加集体活动时，或许你会感到有些人并不积极努力，这也是责任分散效应的一个实例，也被称为“社会性惰化”。那么我们想想，如果每个人都缺乏积极的担当，我们的集体会变成什么样子？我们的任务如何完成？所以打破“社会性惰化”，从我做起，勇敢承担自己的责任，才能让我们的集体变得更加融洽。

11 没有相识的人在场，就没有安全感

周末有个读书分享活动，我要在会上分享读过的一本书。本来约好了Q同学陪我一起去的，可她临时有事不去了。她不陪我去，我也不想去了，因为害怕到时连一个认识的人都没有。可是我不去也不好，何况自己还是会上的分享主角呢，我应该怎么办？

小伙伴可能都会有这样的经历：在一些热闹的场合，如果看不到认识的朋友，就会没有安全感。在人与人的交往中，我们经常会产生这种习惯性的依赖心理。要想克服这种心理，我们首先要提高自己的独处能力。

mentality

可能会产生的心理阻力

心理分析和暗示

1

有认识的人在，其实只是一种习惯而已，也可以尝试习惯他们不在场啊。

2

不是所有的时候都会有朋友在场，很多事情都是要一个人面对的，正常啊！

3

正好可以花时间交一些新朋友，耶！

技巧练习及总结

1 什么才是“突然间长大了”

小结：在我们的成长过程中，有好多“突然间长大了”的瞬间和感觉，独立不依赖，就是其中之一。如果我们不会因为爸爸妈妈或好朋友不在场就紧张，那我们就真的是“突然间长大了”噢。明白这个道理，我们就可能接受没有熟人在场的情况。

2 培养阅读习惯，提高独处的能力

小结：没有相识的人在场，就容易没有安全感的小伙伴，可能需要提高独处的能力了。我们一个人的时候，经常不知道干点儿什么好，这就是独处能力缺失的体现。那么不妨培养阅读的好习惯，如果小伙伴习惯阅读，就不大会感觉一个人孤独无助了。

3 主动走出舒适区

小结：做什么事都想有认识的人在场，这可能是我们从小到大的舒适区，是时候主动走出这个舒适区了。可以从一些小事开始，比如爸爸妈妈来陪伴的时候，我们可以拒绝，试着跟他们说“我一个人去就好了”“我一个人可以的”。

和心理博士聊聊天

在前文的分享中，我们提到过，每个人都对安全感有需要和追求。这种安全感常常来自熟悉的人，所以我们会习惯或喜欢和熟人一起去缺乏安全感的陌生环境，这都是很正常的。但是，随着我们逐渐长大，需要自己独立面对的事情就会越来越多，我们就要逐渐建立起自己的安全感。

让我们一起来回答一下这个问题：我出生的时候，熟悉的人只有妈妈，现在熟悉的人就不止妈妈了，这些人是怎么变熟悉的呢？明白了这个道理，我们就知道从陌生到熟悉是个很常见的过程，我们对陌生人的抗拒和对熟悉人的依赖就没那么强烈了吧。

12 做事情喜欢父母或老师代办，缺乏独立生活能力

你有没有发现，在我们的学习生活中，容易养成一种“学习为大”的思维习惯，这导致好多小伙伴都缺乏独立的生活能力。因为除了学习上的事情，正常的吃饭睡觉等事情都由父母或老师代办了。但是，这些小伙伴在生活中都比较缺乏自信。

学习和生活其实是关联的。如果我们有动手能力，有独立生活能力，肯定有助于我们形成自信力。我们要记住：遇到困难可以寻求帮助，但事事让大人代办肯定是不好的，这容易让我们缺乏独立生活能力，从而失去自信力。

mentality

可能会产生的心理阻力

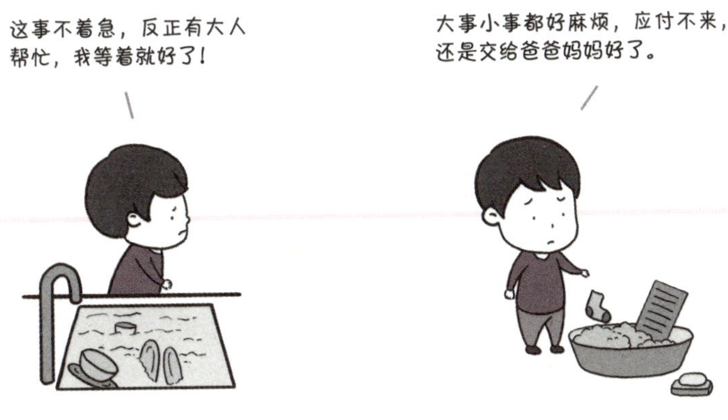

心理分析和暗示

1. 没有生活能力，学习成绩再好，好像也白搭。

2. 如果都由别人代办，自己就做不了任何事了。我可不想变成一个小废物！

3. 有困难可以寻求大人帮助解决，但事事代办是不好的！

技巧练习及总结

1. 培养与大人的界限意识

小结：我们和爸爸妈妈、老师之间要有界限意识，先从拥有小事选择权开始吧。我们可以跟爸爸妈妈建议，生活上的一些事情尽量别帮忙，让我们独立去做选择，去完成。

2. 坚持自己的事情自己完成

小结：从现在开始，坚持自己的事情自己完成。爸爸妈妈、老师可以在旁边给我们一些方法指导，但我们需要自己去动手，并开动脑筋去研究。让大人们的帮忙限定在“指导”方面，而不是“越界包办”吧。

3. 给自己报一个夏令营

小结：给自己报一个夏令营也是一个不错的办法。这样，可以尝试远离爸爸妈妈一段时间，到一个必须独立生活的环境，从开始就切断自己的依赖源头。这样过一段时间，不但可以消灭依赖的习惯，我们还能学到很多生活方面的技能。

和心理博士聊聊天

对别人的不依赖性也称为独立性，主要是指我们在独立决策和解决问题的过程中，反映出来的个性品质。这种品质在我们的认知、情感和意志等心理过程中都有渗透，但最终通过行为表现出来。独立的生活能力不仅是我们独立性发展的重要构成，也是重要的人格特征之一，是我们良好品质的组成部分。

随着我们一天天长大，慢慢进入社会，就要求我们能自己处理和应对生活中的各种问题。不断培养自己独立生活的能力，才能适应当今瞬息万变的社会。所以，是时候对自己和父母老师说“我能”“我自己来”了，让自己的生活能力在锻炼中不断提高吧。

02

应变篇

- 一到陌生环境就紧张
- 遇到挫折就放弃
- 接受不了失败的结果
- 害怕面对别人的关注
- 在分歧争论时从不坚持，容易让步
- 面对无理要求，不敢拒绝
- 在熟人面前能歌善舞，在陌生人面前哑口无言
- 被欺负了不敢反抗
- 不敢告诉爸爸妈妈不好的事

啦啦队选拔赛
1

你想参加啦啦队，
结果落选了。
你这次没选上，不过下
次还可以来参加噢！

落选
失败
丢人
完了
哈哈！

落选就落选，再也不
参加这种选拔了。
我没有落选！是我
自己不干的！
我该怎么办？
√
还是自己准备不足，
再试一次吧！

~咕咕咕
12
9
3
6
P
M
Z
z
z
一二三四~
二二三四~
练好姿势!
练好节奏!

深呼吸！
深呼吸！
其实，胜败乃兵家常事呀！遇到挫折时，多想想“我可以”，
就能继续前进啦！

Ⅱ 我被同学欺负了

……
哈哈哈哈
莫生气
不跟她
一般见识
惹不起
我总躲得起
忍 忍住
我忍气吞声，也没理她，
没想到……
~哼

她不仅又欺负我，还变本加厉了！
~ 嘣

算了，多一事不如少一事，继续忍着吧。
干脆狠狠打她一顿，让她知道厉害。
我该怎么办？
√ 是时候请大人帮忙了。

在自信力方面，你可能会遇到更多的情况，需要更多的实践。让我们一起往下看吧！

13 一到陌生环境就紧张

参加夏令营时，面对陌生的环境、陌生的同学、陌生的教官……所有一切都是陌生的，自己突然变得很紧张，脑海里还萌生了“早知道就不来了”的念头。可是人已经来了，我应该怎么做才能很快适应陌生环境，或者让自己表现得不太紧张呢?

怕生几乎是小伙伴们共同的成长特征，一到陌生环境就紧张，是我们的一种正常情绪反应。解决这个问题，除了要懂得自我调整，平常还可以有意在陌生环境中多体验多锻炼，让我们在面对新环境的时候更加自然自信。

mentality

可能会产生的心理阻力

心理分析和暗示

1. 我只是比较慢热吧，一会儿对环境熟悉了就好了。

2. 反正来都来了，紧张也没用。好吧，那就试试淡定起来！

3. 挺过这一次，以后再面对陌生环境就不怕了。

应变练习及总结

1 夏令营之前，请做好心理准备和心理建设

充分做好思想准备，预估可能会出现的困难。

小结：有时候，我们在陌生环境中突然产生紧张感，是由于我们对陌生环境的估量不足，对一些突发情况没有做好充分的心理准备。准备得越充分，自己可能会越有把握，紧张感也就没那么强烈。所以建议参加夏令营之前，先做好心理准备和心理建设。

2 要明白“所有的熟悉都是从陌生开始的”

伙伴们之间，每个人都不认识，正好是一个结识的机会，我们慢慢就会变熟悉了。

小结：我们怕生，说明我们会不自觉地依赖熟悉的环境和人。我们可以尝试着去明白一个小道理：所有的熟悉都是从陌生开始的。要交朋友，要对一个事情有所了解，就要习惯探索陌生的那一部分。

3 多锻炼，相信勤能补拙

小结：对于怕生的问题，有时候还是要相信“土方法”，即勤能补拙。多在陌生的环境中锻炼自己，让身处陌生环境变成一件平常的事情。只有这样，才不至于一到陌生环境就莫名紧张。

和心理博士聊聊天

在新环境中感到紧张是很正常的事，因为人在陌生的场景中，安全感会降低，身心会自动产生“紧张”这种应激反应。

这是一种人人都会产生的感觉，也是我们应对外界刺激、环境突变及困难挫折的一种防备，是一种自我保护与进步的必然路径。所以对于正常的紧张，我们不用急于排斥，而要直面解决。一方面，找到造成紧张的内在原因，尽可能做好充分的准备，通过提高自身的掌控力来对抗陌生环境，降低心理压力；另一方面，接纳和适应环境的陌生感，多与新环境中的人接触，遇事多沟通，多交流，培养和提高自己的适应及承压能力，用不断的自我锻炼让自己更加从容、坦然地面对陌生的新环境。

14 遇到挫折就放弃

我主动跟同学交朋友，被拒绝了。我有点儿心灰意冷，顿时觉得自己遭受了巨大挫折，还想以后都不主动去交朋友了，免得又被拒绝。怎么说呢，那种打击真要命。我知道，如果因此放弃主动交朋友，是不对的，但我也没有勇气再主动迈出这一步了，好苦恼。

非常理解这种遭遇挫折的心情，但遇到挫折就放弃肯定是不好的。我们在成长过程中，会遇到很多挫折，什么样的都有。其实，挫折对我们来说也是一个成长的过程，学会应对挫折，可以让我们变得更加坚强和自信。

mentality

可能会产生的心理阻力

1. 以后我都不主动了，大不了做个没朋友的人呗！

2. 打击太大，感觉有点儿丢人，主动放弃！

3. 没错，我知道随便放弃不对，但我能怎么办呢？只有放弃可以选择了呀。

心理分析和暗示

1

同学为什么拒绝我？想想是不是我哪点做得不好了。

2

被拒绝过也好，体验了一把被拒绝的感觉，以后都不会害怕被拒绝了。

3

人家拒绝跟我交朋友很正常啊，我不是也会拒绝人家吗？
看开点儿吧！

应变练习及总结

1. 学会笑对挫折

懂得自我鼓励和自我安慰，笑对挫折，是一项大本领！

小结：我们没必要对一些小挫折耿耿于怀，完全可以一笑而过。学会笑对挫折，首先要学会自我鼓励和自我安慰，比如“他不和我做朋友，有很多人想和我做朋友呀”。

2. 培养自己坚强的意志

小结：生活中，我们要有坚持做完每一件事的习惯，尽量不半途而废。我们可以给自己制造一些磨炼意志力的机会，比如爬山。体会坚持的好处，在面对挫折的时候，我们才不会被轻易击倒。

3. 用倾诉和获得支持的方法面对挫折

小结：人际交往能带给我们更多的归属感，感受到爱与被爱、需要与被需要。当我们有了自己的朋友圈后，便可以在挫折来临时，有更多倾诉和获得安慰、支持的机会，增强面对挫折的勇气。

和心理博士聊聊天

在人与人交往的过程中，难免会遇到因大大小小的事情而被拒绝的情景，这或多或少都会让我们感觉自己受到了伤害。

心理学家盖伊·温奇把这种伤害归纳为对自尊的伤害和对归属感的伤害：对自尊的伤害，主要来源于我们习惯用事情的结果来评价自己，把别人对事件的拒绝看作对我们本人的否定。这种“对事 = 对人”的思维，很容易让我们的自尊心受到伤害。对归属感的伤害，主要来源于被拒绝之后，感觉自己被排斥了，这就会伤害到“归属感”。这两种不正确的思维方式都会让我们陷进负面情绪，而且很容易影响我们今后人际交往的信心和勇气。所以，弄明白被伤害感的来源，就能帮助我们正常看待被拒绝这件事，增强面对挫折的勇气。

15 接受不了失败的结果

学校啦啦队选拔队员，我报名参加，却没被选上。本来我对自己的期望值还蛮高的，这下好了，一下跌到了谷底，有点儿接受不了这个结果。失败已成既定的事实，我就是没法从失败中走出来，应该怎么办呢？

失败是每个小伙伴都会遇到的事情噢，我们在成长过程中，会体验到很多成功，也会遭受到各种小失败。失败并不可怕，走不出失败才是最可怕的事呢。如果我们能够找到失败的原因，从中找到自己的不足，加以改正，不但可以避免在同一个地方多次跌倒，也会增加前进的动力。

mentality

可能会产生的心理阻力

心理分析和暗示

1. 虽然失败了，但自己的表现已经有进步了，为自己点赞！

2. 总结经验，下次争取成功就好。

3. 有成功就有失败，能接受成功，也要学会承受失败。

4. 成功与失败，二选一，概率是多少？这次失败，下一次说不定就成功了呢！

应变练习及总结

1 培养面对失败的平常心

小结：是时候理解和体会“胜败乃兵家常事”这句话的道理了。而且，我们的自信心不是凭空而来的，在平常的学习生活中，努力找找“我可以”的体验，培养自己面对失败的平常心。这样，即使遭遇到困难和挑战，或者结果失败了，都能坚持“我可以”的想法。

2 听爸爸妈妈分享自己失败的经历

小结：听爸爸妈妈的失败经历，我们就会从爸爸妈妈身上得到情感共鸣，这可以让我们更加坦然面对失败。“啊，原来爸爸妈妈也会遭受这样的失败”“确实，每个人都会经历一些失败的事”。

3 及时总结失败的教训

小结：面对失败的不同态度，可以让我们有不同的收获。我们可以把失败当作一个学习的过程，还可以跟老师或爸爸妈妈一起分析失败的原因、教训、需要注意的问题。这样，我们就可以从失败的经历中获得宝贵经验，增强自信心。

和心理博士聊聊天

从本质上来看，接受不了失败与自我能力，和他人评价无关，只是一种心理层面的自我限制，这需要突破噢。改变这种限制，就需要构建正确的心理认知，在正视失败的基础上接纳，在接纳的基础上转移关注，把注意力从失败本身和他人的评价上，转移到对目标的专注上来，克服负面的自我限制。

“胜败乃兵家常事”和“失败是成功之母”这两句话大家应该都听说过。前一句讲的是失败很多，不论我们做任何事情，成功和失败的概率都是客观存在的。所以，正视失败的存在，是改善我们难以接受失败的必要前提。后一句话讲的是，如何在接纳失败的基础上找出原因和方法，吸取教训，总结经验，把失败当作通向成功的基石，引领我们从失败走向成功。

16 害怕面对别人的关注

期末考试过后，每个人见面都会问成绩，同学们会问，爸爸妈妈的朋友也会问，感觉挺烦的。如果被问多了，脾气会暴躁，心情也不好，感觉这是个大烦恼，我应该怎么应对？

被问考试成绩，是再正常不过的事情了。因为被问成绩而烦恼，虽然很没必要，但也是可以理解的。害怕别人的过分关注是小伙伴们的一个共同心理，别人善意的关心，在我们身上却成了挥之不去的烦恼。我们为什么会害怕被关注呢？说到底，还是我们的自信力不足。

mentality

可能会产生的心理阻力

心理分析和暗示

1. 人家也是关心我，有人关心不挺好的吗?

2. 同学关注我，说明在乎我呀。

3. 刚好期末考过去，问成绩很正常，要不，见面聊什么?

4. 到了没人关心、没人在乎的地步，那岂不是很惨?

应变练习及总结

1 分析“为什么害怕被问成绩”

小结：为什么害怕被关注，害怕被问成绩？可能是我们考得并不好，不想被反复地提起。设想一下，如果我们考得好，会不会害怕被问成绩？那事情就简单很多了，下次就争取考好一点儿，免得被问到时候又不好意思了。

2 把关注当成是关心和激励

小结：对“关注”不同的理解，会让我们形成不同的情绪反应。如果把关注当成压力，那会很烦恼；如果把关注当成关心和激励，那心里就舒坦多了。事实上，别人关注我们，更多的是一种关心，只是有时候方式不太恰当而已。想通这一点，我们就不会那么害怕别人的关注了。

3 习惯成为被关注的对象

小结：可以再设想一下，如果没人关注我们，我们会不会真的很快乐呢？好像也不快乐，因为会让我们对自己更加没有信心。问题就在这里了，被关注总比不受关注好，所以从现在开始，我们要习惯成为被关注的对象，对同学和大人的关心不烦恼、不抗拒。

和心理博士聊聊天

“害怕被关注”这种现象描述得更确切一些，应该是，当我们的表现没有达到自己期望的时候，通常会回避周围人的关注。这和我们对自己的表现很满意的时候，渴望被人关注是同一个原因，其实都是对外界评价的过分在意和内心深处的自信不够，未能完全接纳真实的自我。用心理学的语言来说，这是我们心中建立起了“假想的观众”，而我们渴望赢得“观众”的好评，会担心自己的表现令周围人失望，从而失去他们的赞赏、喜爱和关注。这其实是我们都会经历的成长和蜕变，也说明我们想要上进，渴望做到更好，让周围的人不对自己失望。

当我们对“害怕被关注”这种心理有了正确认识后，就意味着我们开始直面内心和接纳自己了。通过不断自我调节，我们可以逐步发展成一个成熟稳定的人。

17 在分歧争论时从不坚持，容易让步

每次小组讨论问题的时候，难免和同学存在分歧，意见不合，但每次都是我先让步了。感觉自己不是一个喜欢争论的人，即使自己是很有道理的一方，也总会选择让步，其实心里一千一万个不愿意。当让步成为一种习惯，自己也感觉很苦恼呢。

面对同样的问题，有小伙伴会据理力争，也有小伙伴从不坚持，容易让步。这反映出来的，是面对争论时两种不同的个性，深层次的问题还是自信力不够。

mentality

可能会产生的心理阻力

心理分析和暗示

1

自己认为对的东西就应该坚持，不是吗？

2

让步有时候不代表自己有多么大度，而是自己多么不负责任噢！

3

为了让事情往更好的方向发展，我不应该让步的！

4

看情况吧，有些事情可以让步，该坚持的还是要坚持。

应变练习及总结

1. 分清楚大度和让步

小结：有时候，我们很容易把让步等同于“大度”，其实两者是完全不同的。凡事不斤斤计较确实没错，但如果对方是“非常错误的”，我们还让步，岂不是在支持错误的事情了。我们应该做的，是制止错误的产生或扩散。

2. 坚持对的事，不代表在反对别人

小结：不喜欢争论，可能是害怕破坏同学关系。所以我们就有必要分清楚事情的轻重了：是伙伴关系重要，还是事情结果重要？何况，有些争论也不会破坏同学的关系，是我们想多了。我们只是坚持对的事，而不是在反对错的人。

3. 习惯争论

小结：因为自信力不够，所以我们习惯性地拒绝争论，一见到意见冲突，就选择逃避。久而久之，这会削弱我们独立处理事情的能力，让逃避态度占上风。所以，我们最好让自己习惯争论，比如尝试在家庭会议中，与爸爸妈妈争论问题。

4. 学会“温柔地不让步”

小结：不让步并不意味着一定要跟同学大吵一架，太激烈的争论真的会给伙伴关系带来伤害。学会“温柔地不让步”很有必要。坚持自己意见的时候，语气和声音不要太咄咄逼人，可以尽量温和地先肯定同学的意见，再说说自己的理由。

和心理博士聊聊天

在和小伙伴出现分歧时从不坚持，容易让步，说到底还是自信力不够，会因为自己和别人意见不统一而感到不安。特别是当我们明确知道自己正确的时候，仍然不能坚持自己的看法，这就很容易形成“讨好型”人格：即认为自己只有顺从别人，才会获得良好的人际关系。久而久之，这会让我们成为一个取悦别人的人，自我价值依赖他人才能体现。

所以，在和小伙伴出现争论和分歧时，要意识到“坚持自我”，并用恰当的方式表达自己的观点。有理有据，有礼有节，不断构建和完善自己的价值体系，这样才能拥有良好的人际关系。

18 面对无理要求，不敢拒绝

数学考试之前，坐旁边的同学找到我，要我帮他一起作弊。我暂时没答应，但也没直接拒绝，因为我还没想好该怎么说。我知道作弊是不对的，但又不敢拒绝，接下来我应该怎么做呢？

面对无理要求时不敢拒绝，是多数小伙伴都会遇到的心理烦恼，这跟独立处理事情的自信心是有一定关联的。对于无理要求，我们要分情况看待。接下来我们可以花点儿时间做一些实践练习，让自己学会拒绝，敢于拒绝别人的无理要求。

mentality

可能会产生的心理阻力

心理分析和暗示

1. 劝他别作弊了，作弊终归是不对的！

2. 拒绝他，跟他说理由，他会理解的。

3. 他能提出这样的无理要求，我为什么不好意思拒绝？

4. 过分了，找老师商量一下！

应变练习及总结

1. 分析事情的严重性

小结：对无理要求要分情况看，如果同学的无理要求很过分，自己拒绝不拒绝都解决不了问题的话，就应该毫不犹豫地寻求老师帮助了。

2. 帮助自己做些心理指令

小结：对于无理要求，我们可以给自己做些心理指令——其实就是自我暗示和自我强调，以驱使自己行动和回应。比如“我认为应该拒绝他的要求”“没有关系，解释一下，他一定会理解的”等语言指令。

3. 学会用商量的语气拒绝

小结：直截了当地拒绝，确实会使人难堪。我们可以尝试避免正面表述，先向对方表示同情，然后再提出理由拒绝。由于先前的同情已经拉近了两人的距离，所以“拒绝”就没那么不可接受。对于想作弊的同学，可以跟他说“考试很难，应该没几个考得好，没关系的”之类的话。

4. 学会推迟别人的请求

小结：如果我们不想答应别人的请求，又不好意思当面拒绝，我们可以推迟别人的请求。比如说“我想好了再跟你说”“我再考虑考虑”等，这都是委婉拒绝别人的方法，不会使双方过于尴尬。

和心理博士聊聊天

不拒绝无理要求，让自己成为一个有求必应的老好人？这看上去似乎是好性格，其实是分不清“心理界限”的相处方式。这不仅会使我们失去做事的原则，让自己因为不懂拒绝而陷入被迫，还会因为事情超出自己的能力范围，给个人发展带来负面影响。

“心理界限”的概念，是由家族治疗中的结构学派大师萨尔瓦多·米纽庆提出来的，是指每个人区分人情事物的最大界限。如果没有心理界限，不懂拒绝对方要求，就会因为超过这种界限而产生被勉强和逼迫的感觉，长期如此，必然会因无法忍受而痛苦，甚至做出极端的事情。所以，我们要敢于对无理要求说“不”，不要因为不好意思和内心深处的胆怯而忽视自己的真实心理。

19 在熟人面前能歌善舞，在陌生人面前哑口无言

平常在家里，我就是超级主人翁，在爸爸妈妈面前特能说，有时候简直就是话痨。可是有一天，家里来了客人，我却变小哑巴了，就像换了一个人一样。说话脸红、口吃，或者索性就不说话了。这不太正常吧？

哈哈，其实这挺正常的——在熟人面前能歌善舞，在陌生人面前哑口无言，是我们这个年纪非常常见的现象。在陌生人面前紧张，表现不好，这些都是小问题。通过日常的自信力训练，我们就可以熟练地和陌生人相处了。

mentality

可能会产生的心理阻力

心理分析和暗示

1

不熟悉不代表人家会吃了我，我有什么可怕的？

2

注意一下礼貌礼仪就好了，自己别想太多了。

3

对方可能并没太在乎我的一举一动，放松点儿吧！

应变练习及总结

1 如何应对“突然的关注聚焦”

小结：我们对家里的陌生客人感到紧张，可能是因为客人与大人的关注点一下都集中到我们身上，让我们浑身不自在，无法放松。面对这种情况，如果感觉当场调整不好情绪，那可以借故先短暂离开，上个洗手间或者回房间看会儿书，给自己争取调整情绪的时间和空间。

2 学好应对陌生人的基本礼仪

小结：跟熟人交流与跟陌生人交流，确实感觉不太一样。为了避免过分紧张，我们可以先学会一些与陌生人交流的基本礼仪，比如称呼对方、礼貌优先等细节问题。这样的话，遇到的时候就好派上用场，不用因为不知道怎么办而紧张了。

3 问问自己：是否太在乎陌生人的想法了

小结：之所以紧张，多半是因为过于在乎。事实上，第一次见面时，对方可能只是出于礼貌或者话题的需要，才关注我们。能化解紧张的最有效方法是不在乎和看淡，我们不用想太多而自乱阵脚。

在我们身边，经常会看到在熟人面前很闹腾、在陌生人面前很沉默的人，甚至很多大人也会如此。为什么会出现这种情况呢？

美国心理学大师丹尼尔·卡尼曼通过对大脑的研究，做了一个有趣的解释：他把我们面对熟人和陌生人时，大脑的不同运行机制分为系统 1 和系统 2。系统 1 是在舒服的情况下立即启动的习惯思维系统，而系统 2 是大脑在遇到陌生人、系统 1 找不到惯用路径时，才会启动的惰性思维系统。所以面对陌生人，我们的反应自然不会像面对熟人时那样自如。同时，由于我们对陌生人的情绪和性格不了解，就会或多或少担心自己的言行不够得体，从而影响自己在对方面前的形象，于是启动了保护自己的“心理防御机制”。

通过自信力训练，我们会缩短系统 2 从启动到有效运行的时间，也能够逐渐克服面对陌生人时的紧张，轻松表现了。

20 被欺负了不敢反抗

班里有一个喜欢用恶作剧欺负人的同学，他有一天惹到我身上了，三番五次地捉弄我。每次被欺负完，我都忍气吞声地离开，可他不但没有收手，反而觉得我好欺负，还是继续捉弄我。我该不该反抗？是继续忍受他的欺负，还是打回去？

在学校里，被同学欺负是一件很苦恼的事情。很多小伙伴被欺负后不反抗，其实是自信力不够的老问题。这个问题，相对其他日常问题，确实复杂了一点儿，值得我们花时间一起探讨和学习。

mentality 可能会产生的心理阻力

心理分析和暗示

1. 可以退让一次、两次，但不能一直退让下去！

2. 自己解决不了，可以寻求大人的帮助，但不能一直忍受欺负。

3. 要让对方明确知道我是会愤怒的，不是好欺负的。

应变练习及总结

1 “不害怕”就是最好的防御墙

小结：受欺负的时候不敢反抗，是因为我们害怕：害怕又被欺负，害怕报复，害怕反抗失败，等等。所以我们平时就要有意建立遇到事情“不害怕”的防御墙。建议多锻炼身体，身体的强壮有助于让自己不害怕；还可以建立一些话语指令，比如“对方是不对的，害怕的应该是欺负人的人”。

2 试试“也让对方害怕”

小结：很多时候，越忍受欺负越会被欺负，这是一个恶性循环，所以我们有必要试试“也让对方害怕”。这并不是鼓励跟同学打架，而是针对一些自己就可以解决的小欺负事件，把自己厌恶对方的姿态摆出来，用言语或者必要的行为让对方收手。

3 懂得“寻求大人帮助”

小结：如果觉得反抗与不反抗都解决不了问题，那就必须第一时间寻求老师、爸爸妈妈的帮助。其实，寻求帮助也是反抗的一种形式。遭受同学欺负，对于我们可能是一件很难解决的事，但在大人那里，可能很快就可以解决。反正，一直忍受欺负是最糟糕的选择。

被人欺负的感觉一定很难受，但是因为对冲突的本能畏惧，所以选择默默忍受，结果遭受的欺负往往越来越多，为什么会这样呢？因为人具有试探性，欺负我们的人也是如此。当他们刚开始欺负我们的时候，因为不确定我们会不会反抗，所以会小心翼翼地试探。如果多次试探后发现不会遭到反抗，他们就会越来越大胆地欺负我们。所以，欺负人的人正是利用了我们逃避冲突的心理弱点，才变得肆无忌惮。

其实很多时候，我们逃避冲突的原因，是我们把反抗的后果扩大了，认为自己承受不了这种后果，所以才独自忍受。但事实并非如此，忍受给我们带来的是更大的伤害。只有不再退缩，大胆地反抗，才会让对方觉得我们没那么好欺负。可以试着从解决小矛盾开始，只需要一次反抗成功的经历，就会极大增强自己的信心，抵制对方的欺负，终结被欺负的难过和痛苦。

21 不敢告诉爸爸妈妈不好的事

学校里的坏学生盯上了我，他们要我每个星期都上交零花钱。我有点儿害怕，又不知道怎么应对，上课经常走神，在家里也不大说话。爸爸妈妈也发觉我有点儿反常，问我怎么了，可我没敢告诉他们，就说没什么。不敢告诉爸妈是不想他们担心，但我又急需帮助，该怎么办呢？

多数小伙伴都有报喜不报忧的习惯，不敢告诉爸爸妈妈不好的事，除了怕被误解，还害怕引起爸妈的担忧。这实质上还是自信力较弱所导致的。其实爸爸妈妈的支持和引导，可以给我们带来更多自信心，他们是我们最好的朋友，是我们最坚决的支持者，我们要珍惜和善于利用噢。

mentality 可能会产生的心理阻力

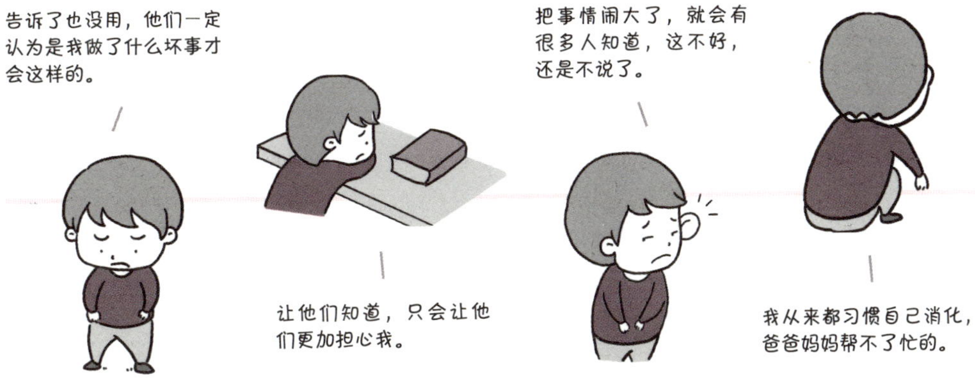

心理分析和暗示

1. 自己能力有限，必要的时候找爸爸妈妈是对的。

2. 爸爸妈妈是我们最好的朋友，一定可以给我们很多帮助。

3. 爸爸妈妈的经验丰富，知道的事情也多，听听他们怎么说很重要。

应变练习及总结

1 改变和爸爸妈妈的相处方式

小结：遇到事情不敢告诉爸爸妈妈，怕不被理解，可能是由我们与爸爸妈妈的相处方式导致的。过分依赖或疏于交流，都会让我们产生这样的感觉。现在开始，我们就把爸爸妈妈当作我们最亲密的朋友和伙伴，不需要所有的事情都让他们代办，也不要什么事都瞒着。既然是我们最好的朋友，我们就要信任他们。

2 分清楚小秘密和“一定要告诉的事”

小结：我们可能会说：“告诉爸爸妈妈干吗呢？我们要有自己的小秘密。”说得也是，但我们也要分清楚什么是小秘密，什么是“一定要告诉的事”，可不要混淆了两者，让爸爸妈妈的帮助迟到了。

3 坚信“他们一定可以理解我”

小结：不敢告诉爸爸妈妈，也是因为不知道大人会怎么回应，怕自己不被理解，不被信任，被取笑。正常来说，这些都是很少发生的，我们要坚信爸爸妈妈一定可以理解我。

4 定期召开家庭会议，交流想法

小结：不敢和爸爸妈妈说，还在于不习惯交流。所以从现在开始，建议跟爸爸妈妈商量一下，每星期都召开家庭会议，每个人都交流一下近期的困惑和问题，一起讨论解决方案。这是为了让家庭交流成为一种习惯，让敢于告诉爸爸妈妈自己的事成为一种习惯。

和心理博士聊聊天

给大家讲个故事吧：有个爸爸给孩子布置了一项比较困难的工作，孩子想尽办法都没有完成，于是垂头丧气地告诉爸爸自己没有完成。爸爸问他："你尽全力了吗？"孩子回答："尽了全力，还是完成不了。"这时候爸爸说："你并没有尽全力，因为我就在你的身边，但是你并没有向我求助。"这个故事告诉我们，我们处理问题的时候，除了靠自己努力，还需要他人的帮助。懂得寻求帮助，借助资源来解决问题，也是一项很重要的能力和优势。

事实上，我们每个人都会有比较脆弱、自己搞不定的事情，学会向身边的人求助，不仅是能力，也是智慧。而对于年龄还比较小的我们来说，父母无疑是最好的求助对象。所以放下担心和犹豫，大胆地把我们遇到的问题告诉爸爸妈妈吧。

03

延伸篇

- 为了掩饰不安，重复问同一个问题
- 频繁地想得到肯定，需要别人的关注和认同
- 经常羡慕其他小朋友
- 不愿意做决定
- 对自己特别不满意
- 经常指责和抱怨别人
- 容易挑剔别人
- 做事没有成就感

有时候，觉得自己一点儿
优点也没有。
成绩不好！
59
试卷

长得不帅！

身高不行！

零零零！
自己好像没有任何闪光点。

还是一个人待着吧，这样就不用跟别人比较了。
我就这样了，也没什么大不了。
我该怎么办？
√ 要么，和爸爸妈妈沟通一下吧。

别人都挺厉害的，我啥也不行。
有缺点很正常啊，妈妈也有缺点。但每个人也会有优点哪！
那我有什么优点？
你对人友善，乐于帮助别人，还能意识到自己的不足，这些都是优点噢！

听了妈妈的话，我茅塞顿开！
如果学会客观地看待别人和自己，就会发现，我自己也有很多优点呢！

Ⅱ 我不做挑剔的人

有时候，你总是忍不住挑剔别人。
她的发卡真难看，衣服好土。
你这点儿运动量减不了肥噢，还是算了吧。
他们一定在说我的坏话。

结果，大家居然都不理我了！

这一定是他们的问题，
错的不是我！
难道是我有问题吗？
我该怎么办？
√ 要么，找个人商量一下吧。

我把自己的烦恼告诉了爸爸，爸爸却批评了我。
不要盘着腿，吃饭的时候坐端正了！
爸爸干吗总批评我呀？
你看，如果我找你的毛病，你也会不开心。那你找别人毛病的时候，别人会高兴吗？
这话好像有点儿道理呢。

如果缺乏自信力，你在日常生活中还可能有其他的表现。我们一起往下看，看看怎么解决。

22 为了掩饰不安，重复问同一个问题

不知道小伙伴们有没有发现，我们可能因为过于紧张而在一些公开场合做些莫名其妙的、不符合常理的事，比如重复问同一个问题。

有时候，我们是为了掩饰自己的慌张和不安；有时候，我们纯粹就是为了没话题找话题。比如问了好多次时间，还比如说了好多遍天气问题。这不但对沟通毫无帮助，反而会加重我们的慌张感，同时也会给同学带来反感。说到底，这都是我们缺乏自信力的一种表现。

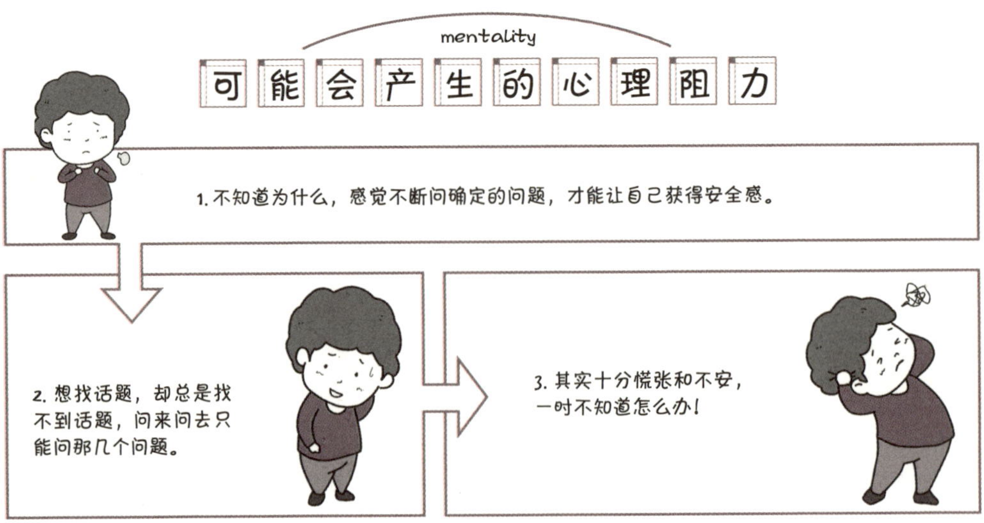

心理分析和暗示

1

为了控制情绪而反复问问题，现场会更加尴尬的，好像对控制情绪也起不到任何作用。

2

没找到合适话题的时候，闭嘴可能比问一堆问题要好吧。

3

这种问法，估计同学听到也会很烦的，人家可能只是不说出来而已。

解决方法及总结

1 临时转移注意力

小结：太紧张是因为我们放不开，思维焦点太集中。为避免在现场过于紧张，出现反常的反应，可以想办法转移我们的注意力。比如深呼吸，然后仔细地想一件与现场没关系的事情，暂时让自己身在现场，心不在现场。

2 养成多看、多听、少说的好习惯

小结：我们在不知道说什么的时候，不说比说更好。此外在一些场合，少说话不一定会造成尴尬。平常我们应注意培养多看、多听、少说的好习惯，除了最基本的打招呼，其他的场合该说的时候说，自己不是主角的时候就少说。

3 学会“暂时离开现场”

小结：如果明显感觉自己很紧张，可以暂时离开现场，比如上厕所，或者到户外呼吸一下新鲜空气。离开现场，突然改变环境，有助于我们调整情绪，缓和我们的紧张感，这样就不至于让自己反复提一些答案显而易见的问题，而让现场气氛更加尴尬和紧张。

和心理博士聊聊天

当我们在公开场合与人交谈的时候，总会遇到一些感觉不太自在的时候。我们想交流，却不知道如何开口，于是拼命在头脑中搜索恰当的表达。但心理上的不自在会造成一种无形的阻隔，让我们找不到合适的说辞，只能通过反复提问题来交流。

其实，交流者在找到共同话题之前硬要参与互动，这本身就是一件比较困难的事情。所以坦然面对这种尴尬，借助上面讲到的几个技巧进行调整与缓和，等逐步克服尴尬和紧张后再切入话题，就容易顺畅交流了。

23 频繁地想得到肯定，需要别人的关注和认同

小伙伴们是不是经常遇到这种情况：当我们在集体面前说话时，如果一时半会儿得不到同学们肯定的回应，就会感到紧张和不安。这个时候，我们好像比平时更需要同学的关注和认同，以便获得自信心。

如果这时候恰好有反对或者不同的声音出现，那我们的紧张就会升级为超级慌张了，有种话都快说不下去的感觉。

事实上，频繁地要求得到肯定，需要别人的关注和认同，是因为缺乏自信力而导致的正常情绪反应。

mentality

可能会产生的心理阻力

心理分析和暗示

1. 自己要先对自己有信心，再加上别人的关注和支持，那就更好啦！

2. 他们没有回应，不代表不理解、不关注哇！

3. 如果有道理，自然会有人关注和支持的吧。

解决方法及总结

1 对自己的说话内容自信

小结：我们说话的时候，希望得到别人肯定的回应是正常的。但如果这个希望过于强烈，就可能是我们对自己说话的内容不够自信导致的。所以我们在表达观点时，最好是自己也非常认同这个观点。自己对自己认同了，才能要求别人也认同。

2 学会“关注讨论话题多过关注听众”

小结：我们说话的时候不自信，很大程度上是因为我们更多地关注同学们。我们更在乎同学们的反应，他们的一举一动都影响了我们的发挥，所以我们会迫切地希望通过回应来增加自己的信心。对于这个问题，最好的方法，就是关注讨论话题多过关注听众。

3 允许不认同

小结：学会“允许不认同”，可以让我们更加包容，也不会因为没有立即得到肯定而感到很受伤。想一想，我们也有反对小伙伴意见的时候。对小伙伴没有回应，或者提出反对意见，都是很正常的。

你需要不断得到别人关注和认同才能继续下去吗？这或许是我们婴儿时期的行动反馈模式在作怪。

当我们从牙牙学语和蹒跚学步时，每一个小小的举动都会赢得身边人的肯定和鼓励，他们的赞扬和激励成为我们继续下去的正反馈，正是这种行动反馈模式，让我们形成了需要不断得到别人肯定的心理状态。然而，随着我们不断成长，我们已经不是婴儿了，也不可能受到无条件的、随时都会有的关注和肯定。所以，这就要求我们的心理和身体同步成长，脱离婴儿时期形成的行动反馈模式，逐步培养我们的自我肯定。通过自我认同、坚定自信、独立思考，认识到自我肯定才是取得成功的关键，他人的肯定最多只是催化剂。只有不依赖他人的关注和认同，才能定义自己的价值，体会到自我成长的收获。

24 经常羡慕其他小朋友

因为缺乏自信力，我们经常会羡慕其他小伙伴。羡慕他们学习成绩好，羡慕他们能得到老师的表扬，甚至羡慕有很多朋友围在他们身边转……正因为过分羡慕别人，我们可能会对自己有点儿“嫌弃”。

如果老是沉浸在这样的情绪之中，就会有自卑倾向了。其实羡慕其他人并非完全不好，如果处理得好，也会给我们带来前进的动力；但处理得不好，就会让自己变成一个极端没有自信的人，严重影响我们的学习生活。

mentality 可能会产生的心理阻力

心理分析和暗示

1. 同学们都很能干很厉害，我要好好跟他们学习！

2. 他们很棒，我也可以的！

3. 学习成绩好，肯定是有原因的。我也要加油！

解决方法及总结

1 错误认知：别人什么都好

小结：我们有时候可能只看到同学的某个优点，就认为他什么都好。这种错误的认知，容易形成盲目的羡慕和崇拜。其实，每个人有好的地方和不好的地方，就像每个人有快乐，就会有忧愁。也可能有同学羡慕我们，只是我们不知道而已啦。

2 错误认知：不用努力，就可以成功

小结：我们因为超级羡慕某位同学，就觉得他做什么都很顺利，做什么都能成功。比如考试，不用复习，随便一考分数就很高。事实可能不是这样的，就算天才也不可能随便一考就很高分，他肯定是付出了我们没看到的努力。

3 把羡慕变成前进动力

小结：羡慕的情绪可以成为自己前进的动力。在成长中，可以把我们非常羡慕的同学列为自己的目标，学习同学的优点和经验，争取让自己也成为我们羡慕的“那个对象”。

和心理博士聊聊天

听说过“科比和凌晨 4 点洛杉矶”的故事吗？喜欢篮球的同学对科比这个名字应该不会感到陌生，他是美国乃至世界最优秀的篮球运动员之一，很多球迷把“神”“王”的名号加在他身上，对他疯狂地崇拜和羡慕。在一次采访中，记者问科比为什么如此成功，科比反问记者：“你见过凌晨 4 点钟的洛杉矶吗？”当记者摇头说没见过的时候，科比说：“满天星星，路上行人很少，天还没有亮。”这说明科比十几年来，都坚持每天凌晨 4 点开始训练，才练就了强健的体魄和过硬的技术。

当我们在学习生活中看到比自己表现优秀的同学时，经常会投出羡慕的目光。但我们在羡慕的同时，一定要正确认识别人优秀的原因，他们一定是付出了我们看不到的努力。有了这种认识，才能让羡慕成为一种动力，激励我们向羡慕的对象看齐，用榜样的力量激励和带动自己。

25 不愿意做决定

由于自信心不够，我们在面对一些选择的时候，容易犹豫不决，还常常犯选择困难症，甚至到最后不愿意做决定。小伙伴们可以先排查一下，自己是不是这样的人？

我们不愿意做决定，可能是因为害怕做了错误的决定，所以干脆主动放弃。其实，随便放弃决定权是很草率的，因为拥有选择权，是我们开始独立的一个重要标志噢。接下来，我们要开始学做选择，习惯自己做决定了。因为只有这样，才能让自己拥有真正的自信力。

mentality

可能会产生的心理阻力

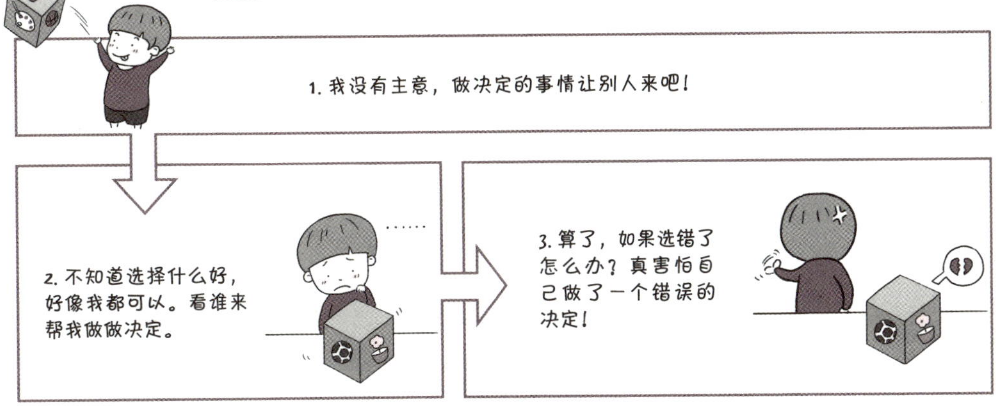

心理分析和暗示

1 我已经长大了，有自己的选择权和决定权，就是长大的重要标志之一噢!

2 本来就不可能每个决定都是正确的。

3 别人替自己做决定，也有出错的时候。我是不是应该更相信自己?

解决方法及总结

1 学会对自己负责

小结：自己的事自己做决定，其实就是对自己负责。敢于做决定，就是要学会为自己负责，最好的方法还是从身边的家庭小事做起。跟爸爸妈妈商量一下，很多小事情尽量都让我们自己来做决定，他们只作为旁观者，给我们一些引导就好。

2 什么才是最好的决定

小结：我们不敢做决定，一个重要原因是害怕做出错误的决定。其实，不可能每个决定都是正确的，所谓最好的决定，都是对现在来说最合理的决定。但这个决定在未来有不确定性，可能过一段时间，它就变成一个错误的决定了，这都是正常的噢。

3 相信自己，问问自己到底想要什么

小结：当我们缺乏自信心，不愿意做决定的时候，总是感觉什么都可以。“我都可以呀，随便吧”常常成为我们的一句口头禅。其实当我们很难决定的时候，只要问问自己，究竟想要什么就好了。

在选择面前犹豫不决，不愿意做决定？说明我们的心理成熟度还有欠缺噢。心理发展成熟的人，往往都是勇于独立做出决定的人。其实不愿意自己做决定，习惯听从别人的意见，并不是因为温顺，而是因为害怕承担决定失误之后的结果，说到底还是自信不足的表现。

当我们意识到自己存在这个问题的时候，就需要尝试着先从小事开始锻炼自己。在实践中积累经验，增强自信，从简单的小事中慢慢培养自己做决定的好习惯，然后逐渐变成敢于在大事面前做决定的、充满自信的我们。

26 对自己特别不满意

对自己的成绩不满意，对自己的口才不满意，甚至严重到对自己的长相也不满意……有时候，我们特别喜欢挑自己的毛病，没毛病也要挑点儿毛病出来，这是自信心不足的最常见表现之一。这种情况与经常羡慕别人有一定的关系，但是比羡慕别人更值得注意。说直接一点儿，其实这就等同于自卑了。

我们都知道，喜欢自己的同学，才更有可能快乐地享受学校生活。那么，如何学会喜欢自己呢？这就是所有小伙伴都需要花心思学习的一门小课程。

mentality

可能会产生的心理阻力

心理分析和暗示

1

每个人都有优点和缺点！同学是这样，我也是这样！

2

如果真的发现自己有很多缺点，那就正视它，然后想办法改过来呗。

3

对自己不满意，可以看作是对自己有高要求！

解决方法及总结

1. 学会客观地看待每个人

没有无所不能的人，再厉害的人也需要伙伴的帮助。

小结：我们这个成长阶段，很容易把一个人的优点和缺点无限放大，这是正常的。但如果会因此让自己失去信心，就要特别注意了。学会客观地看待每个人，可以先从我们喜欢的故事人物、动漫人物开始。我们会发现这些人物也并不是无所不能，他们也需要伙伴的帮助。

2. 理性想想：为什么自己对自己不满意

想一想，不满意好像只是一种习惯，对自己真正不满意的地方其实也没有多少！

小结：对自己不满意，有些方面是有道理的，那就当作一个改进自己的机会。但有些不满意可能自己也说不出原因，对于这些负面情绪，我们就要清醒地消灭掉噢。

3. 关于“长得好不好看”这个问题

小结：小伙伴的确会因为长相这个问题纠结和不满，没办法，长得好确实是天生的优势。但我们要明白，长相只是组成我们的一部分，并不能代表全部。想一想，电视里好多坏蛋都长得很帅呀，长得比较丑的好人也很多。

4. 寻求爸爸妈妈的帮助，让自己从自卑情绪中走出来

小结：如果自卑情绪非常严重，一定要告诉爸爸妈妈，从爸爸妈妈那里得到帮助，而不是一个人闷闷不乐，越来越自卑，最终无法自拔。相信爸爸妈妈一定会有办法，帮助我们解决自卑难题。

和心理博士聊聊天

当我们从羡慕别人变成否定自己的时候，就是正在滑向自卑的边缘。这种自卑感就是一种对自己特别不满意，认为自己比不上别人的心理感受。这种感受会让我们更容易以回避他人的方式来逃避，久而久之，就会变得孤僻、不合群，然后进一步加剧自卑，形成恶性循环。

所以，当对自己特别不满意的想法出现的时候，我们就必须用“自我认同”来改变自己的心情了。“自我认同”是美国心理学家埃里克森提出的概念，是指我们知道自己是谁，并且对所认知的自己抱有一种持续的、稳定的认同感。这种认同感是消除自卑的最好良药，也是我们形成价值观和建立自信的开始。

27 经常指责和抱怨别人

有时候，我们缺乏自信心，不是表现为自暴自弃，而是表现为经常指责和抱怨别人。出现这种反应，会对自己的日常交际造成比较大的破坏性。同学会因为这样而疏远我们，我们的朋友可能会变得越来越少。

所以，我们需要十分重视这个问题。有时候分清责任和是非对错，并不是不好，但如果动不动就指责和抱怨别人，就会给自己和同学之间的友情带来难以估量的伤害。

mentality

可能会产生的心理阻力

心理分析和暗示

1. 每个人都有犯错的时候，他也不是故意的。

2. 结果是由多个原因造成的，并不是一个人的错。

3. 如果换成自己来做，是否就做得比他好呢？

4. 凡事先从自己身上找原因！

解决方法及总结

1. 学会用宽容的心态看待别人的小过错

小结：学会用宽容的心态看待别人的小过错，就是说，每个人都有犯错的时候，我们不要老是抓住别人的小错误不放，小题大做。指责和埋怨最终都解决不了问题。

2. 要明白“并不是所有的事情都要分对错”

小结：我们有时候容易事事较真，其实并不是所有的事情都要分对错。我们和同学之间闹别扭，可能双方都有责任，单纯地指责和埋怨可能并不正确。

3. 杜绝“习惯性的指责和埋怨”

小结：有时候可能并不是谁的错，但在出现问题的时候，我们总会不自觉地、不管事实如何，一定要找个指责和埋怨对象出来。这种无缘由的习惯性指责和埋怨对小伙伴的伤害很大，一定要杜绝。

4. 想一想，如果自己被指责和埋怨

小结：经常指责和抱怨别人，不管我们有没有道理，感觉都不太好。想一想，如果自己老被指责和埋怨，是不是很不快乐，或者很生气？

和心理博士聊聊天

最初的抱怨或许是利用倾诉为自己减压，但是当我们开始经常指责和抱怨别人的时候，其实就是为自己的不努力和失误找借口了。这种把不成功归咎为别人的错误或环境的行为，在潜意识里表达的，是对自己的不满。

抱怨本身并不能帮助我们解决问题，反而会表现出自己的无能为力，这就削弱了我们内心的自信力，增加了负面情绪。这种情绪还会影响周围人对我们的看法，破坏人际关系，让我们处于更加不利的环境里。所以，放下抱怨，学会适应环境，反省自己，只有自己改变了，才能感受更好的外界。

28 容易挑剔别人

与经常指责和埋怨别人的道理一样，因为自信力的缺失，我们可能不但喜欢挑剔自己，也很容易挑剔别人，看同学这个不顺眼，那个不顺眼。有时候，把同学的一点儿小缺点无限放大，拿来说事，诸如“他长得太矮了”“她没有双眼皮，眼睛不好看”“他呀，胆子太小了，是个超级胆小鬼吧”，等等。不知不觉间，自己就变成一个十分苛刻和难以相处的人。

这个问题要引起我们多加关注了，挑剔别人会让我们失去很多朋友；反过来，交际出问题，也会影响到我们的自信力。

mentality

可能会产生的心理阻力

心理分析和暗示

1 想一想，如果别人老是挑剔你，你会怎么样呢？

2 老是看别人不顺眼，肯定是自己的问题。

3 有缺点太正常了，老挑人家毛病不好吧？

4 这么挑剔，活该没朋友。

解决方法及总结

1 学会反思自己

小结：太过于挑剔别人，导致自己没朋友，一定是自己的问题。我们要学会反思自己，不要总自我感觉良好，认为自己交不到朋友是交友标准和眼光太高的原因。可以想一想，我们平常挑剔的问题都是些什么问题，真的有那么严重，值得对同学全盘否定吗？

2 学会欣赏别人

小结：要让自己不挑剔别人，最直接和简单的方法就是学会欣赏和接受别人。首先是接受每个人的不完美，世界上就没有完美的人。学会欣赏别人，可以从接受别人的帮助、和别人一起完成一件事情开始。从中，我们可以逐渐认识到一些事实，诸如“没有他，这件事情没这么快解决”。

3 认真思考一下：我们的交友标准是不是伪标准

小结：因为对别人太挑剔，我们在交朋友的时候总会先入为主，给自己套上很多莫名其妙的标准，比如要长得好看，要很优秀，等等。其实，我们的这些标准可能都是伪标准，对我们交朋友一点儿价值和实际帮助都没有。我们可能只是给自己没朋友的事实做了自我安慰。明白这一点之后，我们就要主动改变自己了。

和心理博士聊聊天

挑剔是人际关系中的一种破坏性力量，容易激起对方的不满甚至愤怒。我们都知道，爱挑剔的人容易被排斥、孤立甚至嫌弃，但是为什么还是忍不住挑剔别人呢?

有些时候，是因为我们不具备闪光点而引发了自卑，所以通过挑剔别人的方式获得心理上的安慰，借此保持内心的稳定感。还有些时候，是因为“完美主义”导致我们对他人挑剔，又或者因为别人超越了自己而心里不平衡，于是挑剔“假想敌”。不论是哪种原因造成的，这些挑剔看上去是启动了一种最简单的自我保护模式。但实际上，这样做不但无法获得认同，还会被同学们认为是自以为是，难以相处，造成人际关系的恶化，把自我保护变成自我伤害。

29 做事没有成就感

如果我们没有自信力，可能做任何事都会找不到成就感。成就感是什么？成就感指的是，愿望与现实达到平衡时产生的一种心理感受，用来形容一个人做完一件事情时，对自己所做的事情感到愉快或成功的感觉。

成就感是构建我们自信心的基础，它就像一个马达，对我们的学习生活有驱动的作用，也让我们有更高的生活追求。成就感对培养我们快乐、健康的心态以及完整的人格有积极的意义，失去成就感，是一件很危险的事。

mentality

可能会产生的心理阻力

心理分析和暗示

1. 生活中，好多事情都值得我们高兴和骄傲

2. 成长的路一步一个脚印，我看到了自己的进步。

3. 享受学习生活中的每一个小进步和小惊喜！

解决方法及总结

1 你是不是正承受太多的压力

小结：如果发现我们做事没有成就感，我们就要自我筛查一下：是不是因为压力太大了？压力太大，的确会造成自信力不够、没有成就感的问题。如果确定是，那就要进行自我减压了。

2 学会梳理自己做每件事情的目标和目的

小结：建议我们这么做，是为了让我们弄清楚做每件事情的缘由和期望。当目的达到或者目标完成的时候，就自然可以收获到满满的成就感了。

3 在同学中分享快乐和成果

小结：有时候感觉做事没有成就感，是因为我们找不到可以分享成就感的小伙伴。所以我们要结交可以相互分享的朋友或团队，并学会与同学们分享我们的快乐和成果。在集体中，比孤身一人更能收获成就感噢。

在著名的“马斯洛需求层次理论”中，成就感属于自我实现需求，是排在生理需求、安全需求、社交需求和尊重需求之上的、最高层次的需求。与前四个层次的需求不同，成就感是一种精神感受，是我们发自内心的一种自我认同。所以找到和享受这种成就感，对我们信心的构建和提升具有特别重要的作用。

特别需要告诉大家的是，成就感来源于我们内心的自我标准，它不需要他人定义，也不用和他人对比，本身也没有高低之分。成就感是我们在一种主观积极的情绪里对自己的肯定、认同和满足，可以不断激励我们向下一个目标持续迈进。

和心·理博士聊聊天

04

增强篇

- 从与同学交际中获得自信
- 正确认识老师的表扬和批评
- 从和爸爸妈妈的相处中获得自信
- 做一个见多识广的人
- 发展自己的兴趣爱好
- 多参加团体运动
- 培养体育竞技项目兴趣
- 善于发现自己的优点
- 凡事多跟自己比较

I 我要掌握更多知识，变得更自信

他们也好厉害，
唱得真好！
为什么我什么
都不会！

没关系，我只要考试成绩好就行了。
看来我是个笨蛋，一点儿特长也没有。
我该怎么办?
√ 要么，问问大人吧。

妈妈说，除了考试，我应该
了解更多知识，获得自信！
下面，请安安给我们
做恐龙观察报告。
原来，我也可以知道
这么多，真棒！

你发现自己没什么运动细胞，缺乏运动能力，也不喜欢竞争。
嘣

同学们都不爱
叫我一起玩。

不爱参加竞赛怎么
了，我不玩了！
咔
无聊，竞争失败的话，
多丢人哪！
我该怎么办？
√ 问问别人是怎么培养竞争能力的吧。

想提高自信力，还有更多的方法可以运用。
我们一起往下看，去学习一下吧！

30 从与同学交际中获得自信

感觉自己自信心不够的小伙伴，不妨来做一个自我小测试：自己喜不喜欢交朋友？自己身边的朋友多不多？平常与同学们的关系是否很融洽？如果否定答案居多，那么我们就要特别注意了噢。因为良好的人际关系，往往是我们建立自信力的首要因素。

很多时候，我们不够自信，很可能是因为和同学的人际关系处理得不好。良好的人际交往不仅会令我们减少孤独感，感受到友谊的快乐，还可以让我们体验到同学之间的相互爱护和相互帮助，从而增强自身的自信力。

mentality

可能会产生的心理阻力

心理分析和暗示

1. 和同学们在一起总是很快乐！

2. 遇到困难，同学们总会第一时间伸出友谊之手。

3. 其实我挺受同学们欢迎的，耶！

4. 我也是能给同学们提供很多帮助的！

练习及认识

1. 主动交朋友

认识：要想在交际中收获自信，我们就要走出自己的世界，主动去交朋友噢。可能小伙伴会不太好意思，想等着同学们主动来找自己。其实，交朋友是相互的，我们说话和行动上主动了，同学也会变得主动起来的。

2. 体会被需要的感觉

认识：在与同学的交际中，我们可以体会到被需要的感觉，“原来我对同学们很重要”“同学跟我在一起也很开心哪”……在交际中，我们可以不断重复和累积这种想法。这种体验能让我们更有存在感，也有助于增强我们的自信力。

3. 在交际中学习解决问题的能力

认识：在日常生活中，我们的很多问题其实都来自交际上的难题。所以，如果小伙伴们能处理好自己的交际问题，基本也可以处理好很多事情了。如果跟同学闹别扭了怎么办？想结交新朋友怎么办？解决这些问题都可以让我们的应变能力得到锻炼。

和心理博士聊聊天

我们经常会说人是社会动物，或者说人具有社会属性，具体表现为：人通过社会交往建立与外部的心理连接，形成人际关系。这种关系对我们的学习、生活、工作、情绪等都会产生很大的影响，所以和同学保持良好的交往，十分有助于我们获取和提升自信。

建立良好交往的技巧有很多，我在这里给大家介绍一种最简单易行的“SOLER”技术：S 代表 sit，指坐的时候要面对他人；O 代表 open，表示姿势自然开放；L 代表 lean，指身体稍向前倾；E 代表 eyes，指交往中有目光接触；R 代表 relax，表示“放松”。心理学家经研究发现，在交往中有意识地应用 SOLER 技术，可以有效增加对方的好感，让对方更好地接纳我们，促进良好相处。

31 正确认识老师的表扬和批评

小伙伴们现在所处的成长阶段，在“对自己的认识”这一方面，特别容易受到外界的影响，尤其是大人的影响。加上我们大部分的时间都在学校里度过，老师的表扬和批评可能对我们更加意义非凡，每个人都会很在乎。

老师的表扬会让我们信心大增，而老师的小小批评会让我们的自信心遭受打击，这些都是很正常的。这就意味着，我们要正确认识老师的表扬和批评，这对于我们在学习生活中增强自信力，有着非常积极的一面。

mentality

可能会产生的心理阻力

心理分析和暗示

1. 得到老师的表扬，确实是很值得开心的一件事！

2. 老师批评我，是我确实做得不对，我以后改正就好了！

3. 谁听到老师的批评都会不开心的，就当是善意的提醒呗！

4. 争取以后不要让老师批评，加油！

练习及认识

1 认识到“每个人都有可能被老师批评和表扬”

认识：有小伙伴可能会形成一种错觉：老师总是表扬班里那几个人，总是批评班里那几个人，老师好像有点儿偏心呀。其实我们更应该认识到，每个人都有可能被老师批评和表扬。这样认识，有助于我们遇到表扬和批评的时候，不至于大喜大悲，自信心爆棚或者自信心严重受损。

2 老师的表扬和批评只是一种善意的鼓励和提醒

认识：因为表扬和批评导致情绪大起大落，甚至自信力受损，可能是因为我们太习惯被表扬了，一遇到批评就感觉天塌下来了。我们要享受被表扬时的开心，也要学会控制批评造成的情绪低落。如果我们把老师的表扬和批评只当作一种善意的鼓励和提醒，就能减少对自己自信心的打击。

3 被批评时感到很难受，那就想想自己被表扬的时候

认识：当我们被老师批评，非常难受，想从低落的情绪中走出来时，确实一时难以做到。有什么快速救场的方法吗？这样吧，我们可以想想自己之前被表扬的时候，看看能不能抵消一部分难受。

和心理博士聊聊天

被老师表扬和批评的时候心情大不一样？那就需要正确认识一下这两者啦！表扬指的是，通过对我们正确思想和行为的肯定、赞美，让我们沿着正确的方向坚持努力；批评是指，通过对有偏差思想和行为的否定、纠正，促使错误的动机得到削弱和消退。由此可见，表扬和批评虽然外在的表现形式不同，但目的都是为了引导我们的思想和言行向正确的方向发展。

我们每个人的身上都同时存在着优点和缺点，前者需要发扬，后者需要抑制，所以就产生表扬和批评这两种看似不同的处理方式。但其实两者相辅相成，互为补充，都是为了帮助我们做得更好。明白了这个道理，是不是就可以用比较平和的心态看待被表扬和挨批评了呢？

32 从和爸爸妈妈的相处中获得自信

谈及跟爸爸妈妈的日常相处，相信大多数的小伙伴都会表示跟爸爸妈妈关系很好。和爸爸妈妈关系好，的确可以给我们带来安全感。但如果想增强自己的自信力，单纯的“好”还是远远不够的。我们和爸爸妈妈日常相处的习惯是否健康，跟我们是否有勇气面对外界的变化，才是最息息相关的。

和爸爸妈妈日常的健康相处，有助于我们获得自信力。这自信力不但可以让我们抵御对外界的不安全感，还可以使我们不过度依赖大人，敢于独立处理一些生活上的事情。

mentality

可能会产生的心理阻力

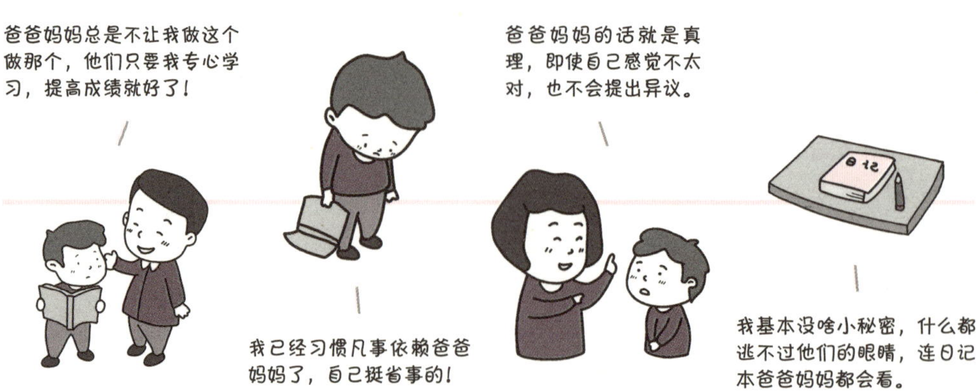

1

跟爸爸妈妈的关系就像亲密的朋友!

2

我已经学会和爸爸妈妈一起分享快乐，分担家务。

3

能自己解决的事都努力自己解决，实在有困难时，才会告诉爸爸妈妈。

4

爸爸妈妈是我最好的朋友，也是我最坚强的后盾!

心理分析和暗示

练习及认识

1 逐渐培养自己的独立意识

认识：我们很容易就会对爸爸妈妈产生严重的依赖感，这样不利于我们面对生活上的其他困难。依赖爸爸妈妈是小伙伴们天生的，也是正常的，但不能过度。要减少对爸爸妈妈的依赖感，就要学会培养自己的独立意识。其实可以从拥有自己的小秘密开始，比如写一本爸爸妈妈也不能随便翻看的私人日记。

2 主动参与家庭生活和承担家庭任务

认识：小伙伴们要开始有家庭成员意识，主动参与家庭生活和承担家庭任务了。建议在每次的家庭会议上，我们尝试作为主持人发言，或者在家里担任家庭卫生监督员的角色。

3 自己解决不了的困难，爸爸妈妈会帮助我的

认识：有的小伙伴可能为了不过分依赖爸爸妈妈，有困难或者遇到任何事情都不告诉爸爸妈妈，不寻求帮助，最后不但没有建立起自信心，反而成为更加敏感胆小的人。事实上，比较严重的事情或者自己解决不了的困难，都要第一时间跟爸爸妈妈说，坚信爸爸妈妈会帮助我们的！

和心理博士聊聊天

父母作为和我们相处时间最长的亲密者，我们是否思考过：怎么与他们相处才是健康正确的呢？

随着我们从儿童期过渡到青春期，我们逐渐迎来了人生的“第二次诞生”，这个时期被心理学家称为“第二次危机”，是继“断乳危机”之后，从精神上脱离父母的又一次心理“断乳”。我们的自我意识开始增强，情感世界开始变得丰富强烈，对同伴的关系越来越重视……这一方面表示我们心理发展趋于成熟，需要有自己的隐私和独立性；另一方面，我们还客观存在着心理不够成熟的方面，仍然需要父母适时适式的支持。这就意味着我们要逐渐改变和父母原来的相处方式，通过坦诚地沟通，和父母一起探讨和发现最佳的相处方式。

33 做一个见多识广的人

有时候，我们是不是特别羡慕哥哥姐姐们？感觉他们知道的事情好像特别多，看上去也很有威信。我们甚至可能会想：如果我跟哥哥姐姐一样知道很多东西，就不会是一个没有自信力的胆小鬼了。

的确，我们的经历不够，见过的东西少，知识面不足，是导致自信力不够的重要原因。做一个见多识广的人，不但可以让我们对很多事情见怪不怪，还可以培养我们理性分析问题的思维和能力，有助于我们对事情做出相对科学的判断。这些都对我们自信力的形成有很大帮助。

mentality

可能会产生的心理阻力

心理分析和暗示

1. 世界这么大，我一定要去看看，去闯闯！

2. 原来是这样，那就没什么可大惊小怪的啦。

3. 原来我知道的比同学们还多，夸一下自己，耶！

练习及认识

1 错误认识：我只要考试考高分就好了

认识：我们可能对优秀、成功以及能力的定义标准太单一，这有必要引起注意。比如认为“考试考高分才是最成功最优秀的”，这种认识会阻碍我们对其他知识的学习和探索，也不利于自信力的增强和提高。

2 从知识上获得自信

认识：自信力是一个综合的东西，知识储备是其中很重要的一方面。如果我们从小就能建立认知上的科学观，自然可以从知识上获得自信。所以多跟爸爸妈妈去旅行还是有好处的，旅行能开阔视野，还能获得一些课本之外的知识，其中最简单的，就是多逛逛博物馆和科学馆。

3 要注意情感认知上的完善

认识：见多识广除了指知识上的学习，还包括情感上的完善和陶冶。比如我们长期生活在城市里，可能会对乡村感到奇怪，但如果我们跟爸爸妈妈去过几次农村，对农村就会习以为常了。情感的陶冶会让我们的胸怀变得宽广，对身边的事情不过于斤斤计较。

和心理博士聊聊天

你是不是有这样的感觉，身边自信的人通常都是知识广、见识多，对自己和外部世界有客观的了解与认知，似乎自带光芒和吸引力。相比之下，我们由于学习和实践的欠缺，不知道的领域就比较多，以致我们心里的保护机制，让我们对这些未知领域产生一种不够自信的反应。

所以，见多识广对我们自信力的形成具有重要的作用。我们要通过学习、实践、感知、交流等多种方式拓宽我们的视野，积累我们的知识，提升我们的能力，让我们逐渐感受到自信的力量。

34 发展自己的兴趣爱好

我们来做一个小测试：问问自己，我是一个兴趣广泛的人吗？如果是，请继续发扬；如果不是，就要来一个小改变了。看看身边的同学，是不是兴趣广泛的小伙伴更敢于尝试新东西，也比较擅长交际？

那接下来，我们就要多发展自己的兴趣爱好了。这给我们带来的好处可多了，比如让我们清晰地认知自己的优点，使我们更容易收获成功感。毫无疑问，发展自己的兴趣爱好有助于增强我们的自信力。

mentality

可能会产生的心理阻力

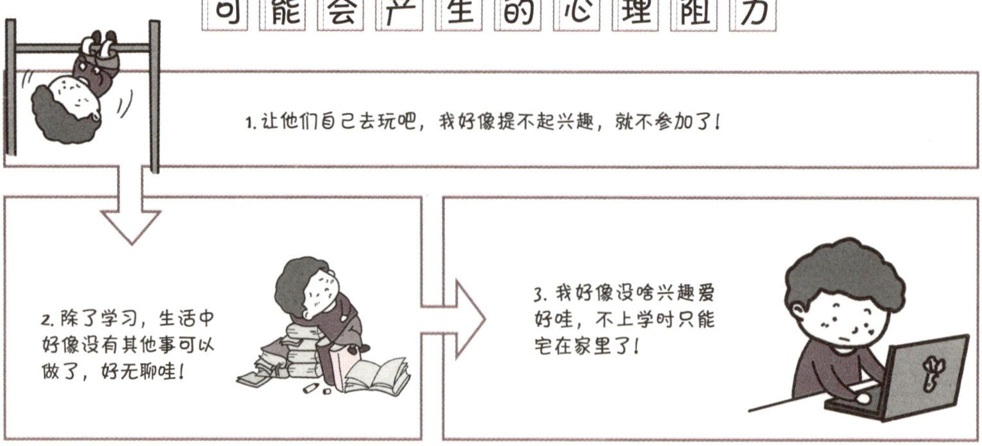

心理分析和暗示

1. 突然感觉自己生活精彩了好多！

2. 除了学习，生活上还有很多自己关注的事情，真好！

3. 通过兴趣爱好，还认识到了越来越多的好朋友。

4. 让兴趣爱好成为自己优点的一部分，好有成就感！

练习及认识

1 形成开放的学习心态

认识：为什么要做一个兴趣广泛的人？因为兴趣广泛的人一般心态都比较开放，而开放的心态有助于我们去尝试和体验新的事物，同时也让我们更加自信满满。那怎样才能让自己兴趣广泛？首先就是要保持求知欲和培养自己的好奇心。

2 把兴趣爱好发展成为优点

认识：既然是兴趣，就应该会喜欢在上面多花一点儿时间了，而在一个领域花的时间越多，就会越熟悉。比如喜欢踢足球，球技会突飞猛进，踢球自然就成了我们的一个优点。所以我们要尽可能让兴趣发展成为自己的优点，从兴趣中收获成就感。

3 通过兴趣爱好拓宽自己的交际圈

好朋友往往都是因为共同的兴趣爱好走到了一起的。

认识：跟有同样兴趣爱好的同学在一起，可以迅速形成共同话题。兴趣爱好还可以拓宽自己的交际圈，在交际上给自己带来更多的自信心。如果发现身边同学有同样的兴趣爱好，我们可以跟他一起学习一起进步，多好！

和心·理博士聊聊天

广泛的兴趣爱好对我们来说意味着什么呢？给大家打个有意思的比方吧：在电视剧里，当武林中人利用“梅花桩”习武练功的时候，桩越多，提供的支撑也就越多，就越不容易摔下去。所以寻找和发展多样的兴趣点，就相当于在给自己“布桩”，让自己不至于因为少了一个兴趣而找不到努力的方向，产生自我否定，进而影响对学习和生活的热情。

所以，培养广泛的兴趣爱好，实质是通过多点支撑提升自己的受挫和抗击打能力。同时，广泛的兴趣爱好更容易让人心里愉悦，它有助于我们在轻松愉快的氛围中从事各种活动，保证智力效应的不断积累，推动我们认知能力的不断发展。

35 多参加团体运动

你有没有发觉，喜欢参加团体活动的小伙伴大多都很开朗、外向，每一个都精气神足足的样子，非常自信。确实，多参加团体运动可以让我们增加自信力。

如果我们总是在同学面前不够自信，之前又很少参加集体活动，那从现在开始就要做出改变了噢。其实，在团体活动中，可以享受更多来自小伙伴的友情，也会得到同学们的支持和帮助，这在无形中都会增加我们面对学习和生活困难时的信心。

mentality

可能会产生的心理阻力

心理分析和暗示

1. 越和小伙伴们互相了解，我们也越会互相帮助！

2. 没想到这么多人喜欢我，原来我这么受欢迎！

3. 有这么多人的支持和关注，我有什么好害怕的呢？

练习及认识

1 消除孤单感和孤立无助感

认识：不管是团体运动还是集体游戏，多跟大家一起玩就好。缺乏勇气和没有自信力，有时候是因为我们感觉太孤单，太孤立无助，所以我们要积极主动起来了。如果有同学叫我们加入活动，我们可不要拒绝噢。

2 在团体活动中懂得处理团体关系

认识：我们的信心有时候来自同学们的认可和支持，越能得到集体的认可，我们会越有勇气。也就是说，在团体活动中，我们要学会处理和小伙伴们的关系，比如互助友爱、信任以及鼓励。想一想，如果我们更关心同学，同学也会更关心我们，我们就可以在这些关系中建立起自信心。

3 可以在集体活动中认识自己，表现自己

认识：在集体活动中，我们常常可以认识到自己的优点和缺点，这也让我们更加有信心在同学面前展示自己。团体活动中，难免需要表现自己，还要分担责任，只有把这些事情都当作很普通的事情，我们才会变得强大噢。

社会心理学的研究表明，团体活动可以计划性和系统性地对我们的心理产生影响，对优化心理品质，提高心理素质，促进心理健康发展都十分有益。经常参加集体活动，能够增强我们的心理调适能力、防御能力和承受能力，有效避免或减少心理问题的产生。

我们的心理健康包括两个核心标准，即个性和社会性。其中的个性，是指人格的完善和个性的塑造，强调个体的发展；社会性，是指能够适应社会生活的良好心理状态，例如良好的人际关系等。而团体活动正是通过情境模拟，引导我们与同伴之间加强互动交流和相互合作，促进我们的心理发展，帮助我们适应环境，保持身心健康。

36 培养体育竞技项目兴趣

当我们没有自信力的时候，可能会产生很多让自己讨厌但是无法抑制的小毛病，比如害怕竞争，不敢面对失败，没有成功感等。开动脑筋设想一下，如果我们平常多参加一些体育竞技项目，是不是这些“没有勇气的情绪”就会少一点儿？

确实是的。竞争意识的形成，会让我们在面对困难的时候不害怕、不紧张，而竞争意识及成功感恰恰都可以从体育竞技项目中获取。所以，多培养对体育竞技项目的兴趣，对我们增强自信力非常重要噢。

mentality

可能会产生的心理阻力

心理分析和暗示

1. 这次足球比赛不一定会赢，只有加油了，争取成功晋级！

2. 虽然比赛输了，但我很享受争取胜利的过程。

3. 只要下次再努力一点儿，我们同样可以取得胜利！

4. 胜利来之不易，这是小伙伴共同参与和努力的结果！

练习及认识

1. 有目的地锻炼身体和意志力

认识：体育竞技项目大多需要身体和精神上的坚持，所以多参加体育竞技项目，可以更有效地锻炼我们的身体和意志力，从而给我们带来自信力。

2. 有目的地培养竞争意识

认识：多参加体育竞技运动，有助于培养我们的竞争意识。如果让竞争成为一种习惯性游戏，在我们真正面对竞争的时候，就不容易害怕和退缩了。

3. 体验失败

认识：有竞争就必然有失败，体育竞技可以让我们明白：失败尽管不尽如人意，但并不是一件多么可怕的事。如果我们学会在体育竞技运动中面对失败，就会适应并有勇气面对生活中突然遇到的各种困难。

4. 体会竞争之后带来的成功感

认识：有失败也会有成功。体育竞技可以给我们带来努力竞争之后的成功感。对这种成功感的不断体验，有利于我们自信力的建立。

和心理博士聊聊天

有句话说："体育在促进人的全面发展，丰富人民精神生活，推动经济社会发展，激励全国各族人民弘扬追求卓越、突破自我的精神方面，都有着不可替代的重要作用。"当我们积极参加竞技体育项目的时候，不仅身体潜能得到充分促进和激发；同时，竞技体育胜败的不确定性，对我们的心理能力也具有极强的刺激作用。

通过参加竞技项目，可以让我们感受喜怒哀乐的不同情感体验；为此付出的艰辛训练和比赛，可以提升我们顽强坚韧的意志；胜负的不同体验，有助于激发我们的荣誉感。总之，在参加竞技项目的过程中，我们不断挑战心理极限，克服心理困难，促使自我的心理发展有新的突破。这些都帮助我们发扬拼搏团结和不断超越的精神，对于培养我们的健全人格都大有帮助。

37 善于发现自己的优点

是不是已经发现，没有自信的同学更容易怨天尤人，自暴自弃。甚至有些同学会认为自己一无是处，浑身上下都是缺点，做什么事情都不行。

其实，随便全盘否定自己，是不科学也是不客观的噢。每个人都有自己的长处，有自己的优点。对一个事情不在行，不代表做什么事情都不行；有一次失败，也并不代表我们会永远失败噢。在学习生活中，我们不但要发现别人的长处，也要善于发现自己的优点。

mentality

可能会产生的心理阻力

心理分析和暗示

1. 每个人都有自己的长处！同学们有，我也有。

2. 其实我会的一些事情，同学不一定会噢！

3. 看比较哪方面吧，他们学习成绩好，我体育运动好！

练习及认识

1 优点和缺点并不局限在学习成绩上

认识：我们可能更容易把优点和缺点局限在学习成绩上，好像学习成绩好的同学就没有缺点，学习成绩不好的同学就没有优点，这是错误的认识，要改变。其实人的优点体现在各个方面，脾气好是优点，跑得比同学快也是优点。并不只有学习成绩好才算是优点，它只是优点的一方面而已。

2 对于自己做过的事，不管成功和失败，都要善于总结和分析

认识：可能我们最在乎的，往往是一件事情成功与否，而不太注重分析和总结过程及经验。其实，客观分析和总结的过程也是不断自我认知的过程。具体到一件事，分析清楚自己哪些地方做得不好，哪些地方做得好——这种分析和总结的能力，也更利于我们发现自己的优点和缺点。

3 在每次自我介绍中，要习惯突出自己的兴趣和优点

在说自己优点的时候，千万千万不要不好意思！

认识：有时候，要我们说出自己的优点，突然间就说不出来了，感觉自己好像没啥优点一样。我们的优点是需要我们在言语和认知上不断强化的，每次的自我介绍就是一个好机会。在自我介绍中，我们要习惯突出自己的兴趣和优点。如果自己在说这个优点的时候，不会不好意思、不自信，那它就一定是真正的优点。

和心·理博士聊聊天

不论是谁，都有自己的长处和优点，不相信？那就听我给你讲讲“瓦拉赫效应”吧。

奥托·瓦拉赫是诺贝尔化学奖得主，是位赫赫有名的化学家，但他成功的过程却充满了传奇色彩：瓦拉赫的父母在他读中学时为他选择了文学，经过一学期的学习，老师评价他是“难以造就文学之才”，之后他又改学油画，但成绩位列倒数第一。当绝大部分老师都认为“笨拙”的他没法成才时，化学老师却发现了他做事一丝不苟，建议他改学化学。从此，瓦拉赫的潜力爆发了，终于在化学领域取得令人瞩目的成就。

瓦拉赫的故事告诉我们：每个人都有自己擅长的一面，只有发现自己的优点，才会赢得成功。请我们一起记住奥托·瓦拉赫的名字和他那句充满鼓励性的名言：“不管别人怎么说你无能，你总有一样是可以的。”

38 凡事多跟自己比较

在我们现在这个成长阶段，我们在很多事情上很容易跟同学比较。所谓自卑感，常常就是在这种比较中产生的。其实，一个人之所以优秀，是由很多因素和条件组成的，所以把不同的人放在一起比较，大多数时候可能都是不大客观和准确的噢。

衡量自己是否有进步，是否有成就，最好的方法当然是多跟自己比较。我们可以尝试给自己设定一些阶段性目标，看看最后完成得怎么样，看看自己跟过去相比，是明显进步了，还是退步了？

mentality

可能会产生的心理阻力

心理分析和暗示

1

成功不可能一步到位，只要自己继续努力，就会好的。

2

与之前相比，已经好很多了，我还是有进步的，加油!

3

每个人自身的条件不同，所以每个人的成就也不同。

练习及认识

1. 学会正确认识“进步”

认识：进步不是跟别人比，进步是在我们与自己的比较中体现出来的。我们有没有进步，跟之前的自己比较一下，就知道了。

2. 不要盲目地羡慕和崇拜

认识：跟自己比的对立面，是跟别人比，羡慕别人的成功，这可能会加深自己的不自信感。我们要学会分析每个人成功的客观原因，而不是盲目地羡慕和崇拜。每个人的条件不同，付出和努力也不同，所以每个人的成就自然不同。要想成功，努力很重要，但也要结合自己的条件，不要强求结果。

3. 尝试给自己设立阶段目标

认识：平时在学习生活中，可以尝试给自己设立一些阶段性目标，让自己在成长中不断体会到进步和成功。这样，我们可以在阶段性的总结中，对自己产生认可，增强自信力。

4. 学习别人的优点和方法

认识：少羡慕别人，多跟自己对比，这并不意味着不能学习别人的优点和方法。我们要想进步，学习和借鉴小伙伴们的优点和好方法很重要，这就是取长补短啦。

和心理博士聊聊天

现实生活中，我们总是习惯用“比较”这个方法来感受或评价得失，我们在比较中获得感受的同时，也会基于自己的内心标准，体验到不同程度的幸福。这种比较包括把自己和他人横向比较，也包括把自己的现在和过去纵向比较。横向比较往往会给我们带来失落和失望，而纵向比较更多的时候会带给我们希望和斗志。

所以，我们需要更多地和自己赛跑，每天坚持胜过昨天的自己，日积月累就会取得大大的进步。就像这个数学公式所表达的：$1.01^{365}=37.8$，哪怕我们每天只比昨天进步 0.01，坚持一年之后，我们也能从 1 变成 37.8，这就是古语所言：“积跬步致千里，积小流成江海。”